LICHT DES HERZENS
EIN WEG MIT AMMA

Das liebende Herz ist angefüllt mit einem Ozean.
In seinen rollenden Wogen wiegt sich sanft das All.

Rumi

Dieses Buch ist Amma gewidmet, dem Licht in meinem Herzen
und meinen Töchtern Andrea und Lisa

Mata Amritanandamayi Center
San Ramon, CA 94583, Vereinigte Staaten

Licht des Herzens
Ein Weg mit Amma

Von Anna Prabha Dreier
annapra.dreier@gmail.com

Herausgegeben von:
  Mata Amritanandamayi Center
  P.O. Box 613
  San Ramon, CA 94583
  Vereinigte Staaten

Erstausgabe: April 2018

In Deutschland: www.amma.de

In der Schweiz: www.amma.ch

In Indien: www.amritapuri.org
        inform@amritapuri.org

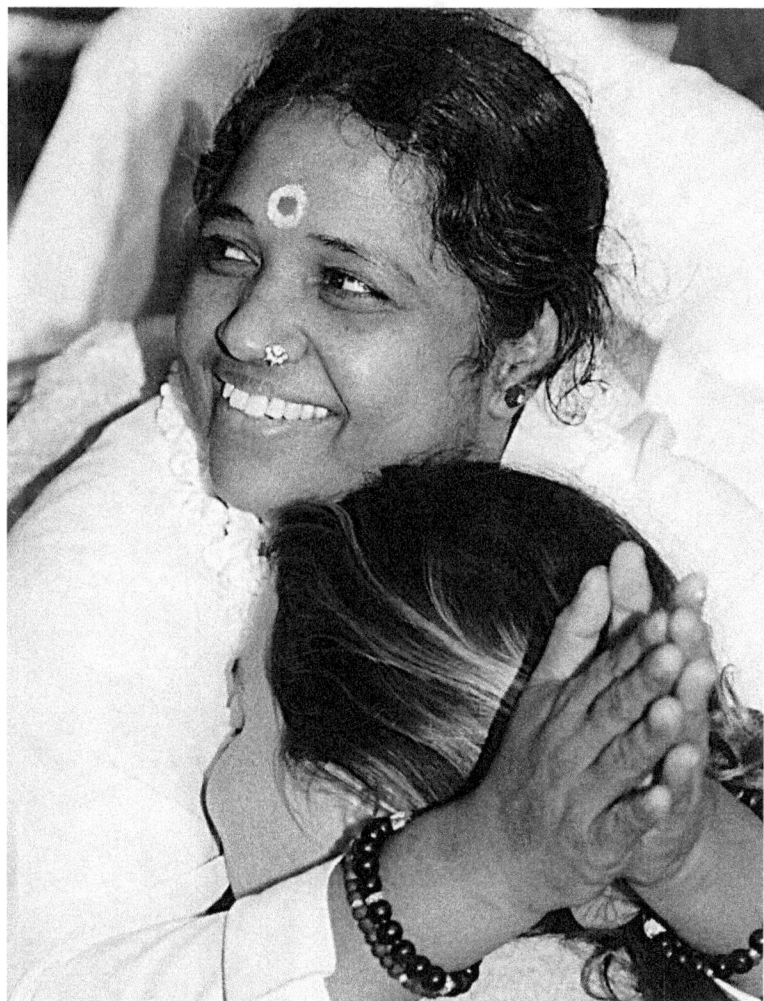

Inhalt

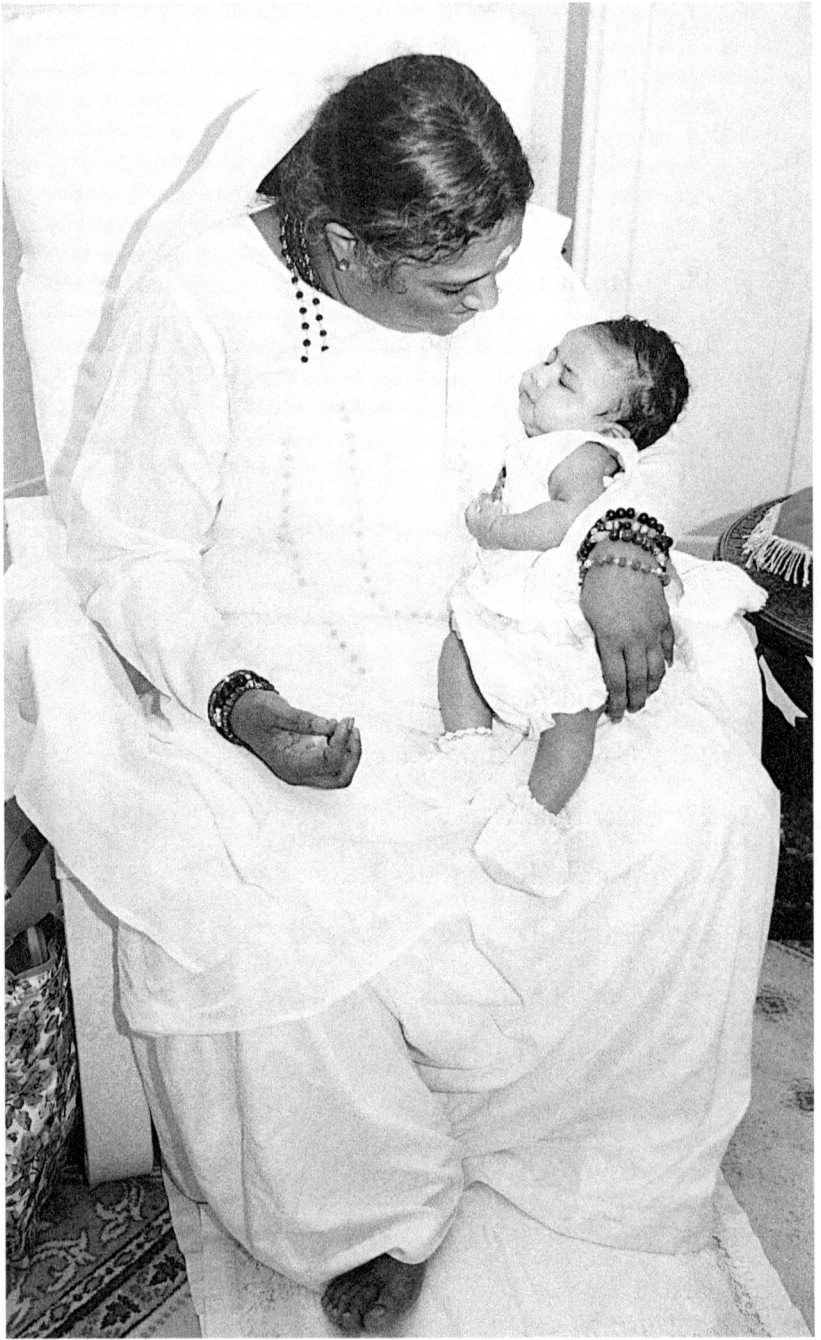

1

PROLOG

*Nur wenn die Wellen abklingen, kannst du das
Spiegelbild der Sonne auf dem Wasser sehen.
Ebenso kannst du das Selbst nur erblicken,
wenn die Gedankenwellen sich beruhigt haben.*

Amma

Eine weiße Seite Papier liegt vor mir, um erste Worte für ein Buch
aufzunehmen. Sie zwingt mich dazu, meine Aufmerksamkeit
ganz auf den gegenwärtigen Moment zu richten, denn meine
Gedanken fliegen in die Zukunft und mein ‚Mind' ist unentwegt
daran, neben die eine weiße Seite Papier weitere weiße Seiten vor
mir auf dem Tisch aufzureihen. Er füllt sie mit Worten, erfindet
Titel, platziert Bilder und erschüttert mit seiner Eigenmacht meine
Konzentrationsfähigkeit dermaßen, dass ich mich verliere und
nicht mehr weiß, was ich dem Buch gern anvertraut hätte.

   Ein alltägliches Spiel meines Minds! Er spielt es mit großer
Vorliebe und leider nicht nur, wenn ich ein Buch schreiben möchte.
Versetzt er mich nicht schon an den Herd, wenn ich auf dem Markt
frisches Gemüse in der Hand halte? Sehe ich mich nicht bereits
den Konzertsaal betreten, wenn ich ein neues Kleid für diesen
Anlass schneidere?

Schreibende junge Amma

Amma sagt, es sei unsere Aufgabe, die Herrschaft des Minds zu brechen und ihn zu einem folgsamen Diener zu machen.

Ich arbeite an diesem schwierigen Projekt, das von Sekunde zu Sekunde meine gesamte Aufmerksamkeit erfordert, und hoffe, dass mir das Schreiben helfen wird, meinen Mind zu fokussieren und, wie Amma sagt, seine Fernbedienung fest in der Hand zu halten.

Einen Hinweis, wie ich dorthin gelangen könnte, bekomme ich gerade durch die Erinnerung an eine ähnliche, längst vergangene Situation: Ich befand mich im Park eines Zen-Zentrums, zur Erde gebeugt. Vor mir breitete sich eine große kreisrunde Fläche aus, die einmal ein Kiesplatz gewesen war. Nun war sie mit dicht wachsendem Gras begrünt, das sich frei und ungezwungen zwischen jedem Steinchen angesiedelt hatte und Unkraut genannt wird.

Mich an die mir zugewiesene Aufgabe erinnernd, überblickte ich niedergeschlagen den ganzen Platz. Ich sollte jäten – jäten, um die sich vor mir ausbreitenden vielen Quadratmeter Rasenfläche in das zurückzuverwandeln, was sie ursprünglich waren: ein Kiesplatz.

Lustlos kniete ich vor der erdrückend großen Fläche, als in mir eine Erkenntnis aufleuchtete: Richte deinen Blick nur auf eine Pflanze, auf diejenige, die du im gegenwärtigen Moment berührst!

Augenblicklich wurde meine Energie gebündelt, meine Hand nahm Verbindung mit der Erde und dem ersten Pflänzlein auf. Konzentriert zog ich daran, sah die feinen Würzelchen sichtbar werden, schüttelte die Erde ab und legte das Grün in den großen Korb neben mir. Dann wiederholte ich diesen Ablauf noch einmal und noch hunderte Male mehr an diesem Tag und viele weitere Tage lang, bis der Kiesplatz neu geboren war.

Und nun liegt also die eine weiße Seite Papier vor mir, bereit, meine Worte und Bilder aufzunehmen. Ihr werden viele weitere weiße Seiten folgen und ich werde mich bemühen, meine Konzentration nur auf eine zu richten: diejenige, die im Moment vor mir liegt.

Möge Amma uns helfen, auf immer nur einer Seite unseres Lebensbuches zu verweilen – auf derjenigen, die gerade jetzt, in der Gegenwart, geschrieben wird.

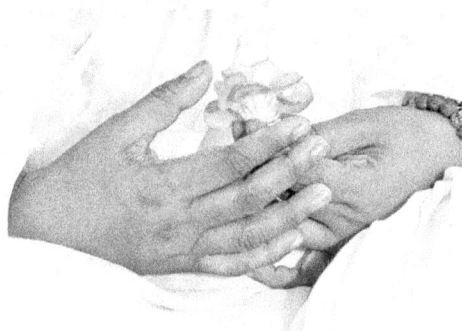

2

BIOGRAPHIE

Das Ziel meines Lebens ist der selbstlose Dienst
für die leidende Menschheit.

Amma

An einem Tag im Monat Karthika des Jahres 1953 wurde in eine
Fischerfamilie auf der Halbinsel Parayakadavu im südindischen
Staat Kerala ein kleines Mädchen geboren. Das Neugeborene, das
sie Sudhamani, reines Juwel, nannten, lächelte nach der Geburt
und entwickelte sich zum Erstaunen von Eltern und Geschwistern
auf ganz unübliche Weise. Mit sechs Monaten konnte Sudhamani
laufen und sprechen, und sehr früh sang sie ergreifende Lieder
und selbst komponierte Bhajans (spirituelle Gesänge) zu Ehren
des Göttlichen.
Damals war keinem der einfachen Menschen bewusst, dass in
ihrer Mitte eine große Seele, ein Mahatma geboren wurde.

Die Dorfbewohner erzählen, dass sich Sudhamani schon
als kleines Mädchen rührend um die armen Nachbarinnen und
Nachbarn kümmerte. Sie tröstete die Weinenden, pflegte die
Kranken und brachte den Hungrigen zu essen. Dazu entwendete
sie von zu Hause Reis und Linsen oder verdünnte die Milch und
beschaffte auf diese Weise Nahrung für die Notleidenden.

Eines Tages nahm sie sogar heimlich die goldenen Ohrringe ihrer Mutter an sich und verschenkte sie an eine arme Familie, damit diese sich Medizin kaufen konnte. Ihre Eltern zeigten dafür nicht das geringste Verständnis, sondern reagierten betroffen.

Mit ihrer mitfühlenden Art entzückte und bezauberte Sudhamani die Menschen in ihrer Umgebung, aber für ihre eigene Familie stellte sie, die oft in intensiven meditativen Zuständen versank und in der Öffentlichkeit ekstatisch tanzte, ein großes Problem dar. Aus Unkenntnis bestraften die Eltern ihre heranwachsende Tochter häufig in harter Weise.

Doch niemand konnte Sudhamani davon abbringen, sich um die Armen zu kümmern. Einmal, als jemand sehr traurig war, umarmte sie zum Entsetzen von Eltern und Verwandten ganz spontan diese Person. Dass ein zwölfjähriges Mädchen wildfremde Menschen, darunter auch ältere Männer und Menschen aus höheren Kasten innig berührte, galt im indischen Gesellschaftssystem als Tabu, doch Sudhamani ließ sich von Kritik nicht beirren. „Es gab eine Zeit", erzählte Amma später, „da ging ich durchs Dorf und die Menschen warfen mit Steinen nach mir."

Junge Amma mit 2 Nachbarskindern

12

Als Sudhamani neun Jahre alt war, erkrankte ihre Mutter und sie musste die Schule verlassen, um für Eltern und Geschwister zu sorgen. Sie wurde zum Dienstmädchen ihrer Familie, kochte, putzte, wusch, fütterte die Tiere und arbeitete jeden Tag von Sonnenaufgang bis Mitternacht.

Trotz harter Arbeit und dem Unverständnis der Familie verbrachte Sudhamani in der Nacht viele Stunden in tiefer Meditation und intensivem Gebet.

Sie verehrte Krishna, dessen Bild sie immer bei sich trug und wiederholte ununterbrochen seinen Namen.

Ihr Zustand des Einsseins mit der allumfassenden göttlichen Liebe und Barmherzigkeit blieb den Menschen in ihrer Umgebung nicht verborgen und die Nachricht, dass sie ein außergewöhnliches Wesen sei, verbreitete sich schnell. Bald versammelten sich viele Menschen um bei ihr Trost und Rat zu finden.

Weil es keinen anderen Ort gab, suchten sie Sudhamani am Strand auf, um in ihrer heilenden Gegenwart zu verweilen und getröstet zu werden.

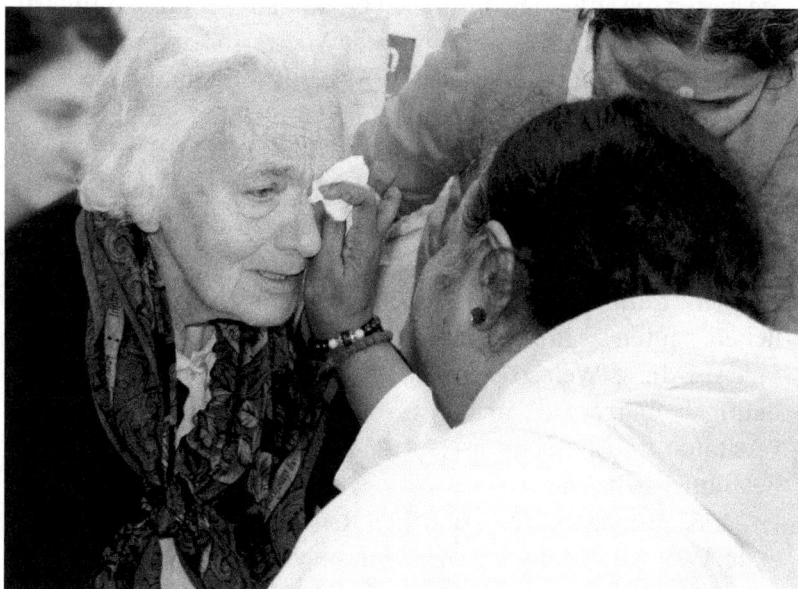

Sudhamani tat das, was sie aus Liebe und Mitgefühl tun musste, und kümmerte sich nicht um soziale Zwänge. Für sie waren alle Menschen gleich. Mit ihren Umarmungen setzte sie ein ungeheuer starkes Zeichen gegen gesellschaftliche und soziale Ausgrenzung wie Kastenzugehörigkeit, Nationalität und Geschlecht. „Es gibt keinen Schlüssel, mit dem man die Liebe einsperren könnte" erklärte sie, die wegen ihrer außergewöhnlichen Art auch Gegner hatte. Um seine Tochter vor diesen zu schützen, baute ihr Vater Sugunandan seinen Kuhstall zu einer Art Tempelraum aus, in dem Sudhamani die immer größer werdende Zahl der ihre Nähe suchenden Menschen empfangen konnte.

Nach und nach vernahmen auch spirituelle Sucher aus ganz Indien die Kunde von einem Fischermädchen, das die Gabe hatte, Menschen in den Zustand tiefen Friedens zu versetzen. Einige von ihnen wollten die junge Sudhamani nicht mehr verlassen und blieben am Ort, um ihr nahe zu sein.

Im Jahr 1979 kamen zum Erstaunen der Familie und des Dorfes auch die ersten Sucher aus dem Westen in den abgeschiedenen Ort am Arabischen Meer. Es waren junge, gebildete Menschen. Sie hatten die außergewöhnlichen Qualitäten der jungen Inderin erkannt und baten sie, ihre spirituelle Meisterin zu werden. Unter ganz einfachen Verhältnissen lebten sie mit Sudhamani und ihren indischen Gleichgesinnten unter den Palmen im Sand. Einer von ihnen, heute heißt er Swami Turyiamritananda Puri, schlug vor, ihr den Namen Mata Amritanandamayi, Mutter der unsterblichen Glückseligkeit, zu geben. Die anderen aus der frühesten Gruppe um Amma, heute auch Swamis, gaben ihr Einverständnis und um ihr mehr räumliche Unabhängigkeit von ihrer Familie zu ermöglichen, bauten sie ihr eine eigene Hütte aus Kokospalmenblättern.

Auf diese Weise begann die unglaubliche Geschichte des heutigen Ashrams Amritapuri, der neben zwei Spitälern, Universitäten und Forschungszentren auch über dreitausend feste Bewohner beheimatet.

1987 fand, neben den üblichen Reisen innerhalb Indiens, die erste Weltreise Mata Amritanandamayis statt. Sie wurde nun kurz Amma, Mutter, genannt und trug mit ihrer Demut und ihrem Mitgefühl ihre Botschaft der Liebe und des Dienens in die ganze Welt.

Mittlerweile hat Amma Tausende von Menschen aus allen Lebensbereichen inspiriert; ihr Rat wird von Ministern, Wissenschaftlern, Gelehrten, Filmstars, den Ärmsten der Gesellschaft und den Reichsten gleichermaßen gesucht. Sie erhebt und transformiert durch ihre Umarmung, ihre spirituelle Weisheit und ihre weltweite Hilfsorganisation.

Das humanitäre Werk von Amma, ‚Embracing the World' genannt, ist vor allem auf der Arbeit von freiwilligen Helfern aufgebaut. Die unzähligen Projekte unterstützen bedürftige Menschen ungeachtet ihrer Religionszugehörigkeit, ihres sozialen Status oder ihrer Kaste. Die NGO Embracing the World, kurz ETW, ist sowohl vom Wirtschafts- und Sozialrat der Vereinten Nationen als auch von der UN-Abteilung für Öffentliche Information als Organisation mit Beraterstatus anerkannt.

Amma in Toulon, Frankreich

15

3

LEBE DEIN LEBEN

Meine Seele ist ein Vogel, der fliegt.
Flieg, Himmelsvogel, Erdenvogel,
Hinein in die Welt und gib ihr dein Lied.
Ohne zu haften, flieg und singe.

Prabha

Wer mit einem sich sehnenden Herzen geboren wird, ist ein Leben lang auf der Suche – Suche nach Heimkehr in eine Fülle, die Stille ist und unser wahres Zuhause.

Dieser Weg ist nicht einfach. Denn du musst gegen den Strom schwimmen, Abgründe erkunden, Liebgewonnenes loslassen und Einsamkeit durchleben. Die Nadel deines inneren Kompasses zeigt nicht auf das konventionell Übliche, sondern richtet sich auf das Ewige in deinem Herzen, auf den Weg in ein Mysterium, das du in geschenkten Momenten erahnen darfst. Und was immer du auf deinem Weg erlebst, es wird an dir sein, in der Liebe zu verweilen und die sich abzeichnenden Schritte zu tun, die dich nach Hause bringen.

Es gibt nur wenige Landkarten, die in das Reich der Ganzheit und des Einsseins führen. Meine Landkarte ist AMMA. Und sie hat sich von mir finden lassen.

Ich habe nach Amma gesucht, solange ich in meinem Leben zurückdenken kann. Aber bitte stellt euch nun nicht vor, dass ich nach einer kleinen indischen Frau im weißen Kleid suchte. Vielmehr suchte ich nach einem Zustand, in dem die Gedanken schweigen. In ihm erlebte ich Frieden und Liebe, ein Geborgensein und die Verbundenheit mit der ganzen Schöpfung.

Schon als kleines Kind hielt ich mich gern an geschützten und etwas abgedunkelten Orten auf. Ich nannte sie ‚Lager' – ein Ort, wo ich ganz für mich allein sein konnte. Solch ein Ort befand sich zum Beispiel unter dem antiken Nähtischchen im Elternhaus, auch hinter den schweren Vorhängen unseres Wohnzimmers oder in der großen Holzkiste in Großmutters Küche. Am liebsten aber war ich im Wald, baute Hütten und Unterstände aus Ästen und Zweigen, richtete mich ein, um zu SEIN.

In diesen ‚Lagern' saß ich in Stille und ließ mich in eine Art Zustand von Nichtdenken sinken, um dann langsam in einen Raum getragen zu werden, in dem alles gut war, so wie es eben war und mich ein Gefühl großen Glücks umfing.

In diesen Momenten fühlte ich mich geliebt und wusste, dass Gott, den mir meine Familie als strafenden Übermenschen anzuziehen versuchte, mein bester Freund war, ja mehr noch, mein intimster Verbündeter.

Ich war ein schwieriges Kind. Schwierig zu erziehen und schwierig zu verstehen. Als ich älter wurde, wünschte ich mir nichts sehnlicher, als wie alle anderen zu sein. Was ich in meinen zurückgezogenen Momenten erlebte, konnte ich mit niemandem teilen, auch nicht mit den Eltern. Und so opferte ich das, was mir teuer war, um mich in ein Leben als normale Heranwachsende zu integrieren und mich selber zu verlieren.

Ich lernte verschiedene Berufe, heiratete, hatte zwei wunderbare Kinder und führte ein Leben, um das mich viele meiner Freunde beneideten. Man könnte sagen: Ich hatte mich aufs Beste auf diesem Planeten Erde eingerichtet, lebte meine Begabungen und meine Kraft. Aber ich war ein ruheloser Mensch. In mir drängte es nach Genährtsein, nach Erfüllung, nach Frieden, und nichts, was mir begegnete, konnte diesem Wunsch gerecht werden.

Ich begann, mich für Spiritualität zu interessieren: Zen, Christentum, Buddhismus und viele Jahre lang war ich Schülerin eines Schamanenlehrers. Ich meditierte, las, diskutierte und workshopte mit Gleichgesinnten. Langsam erwachte meine innere Welt wieder, erahnte ich in kurzen Momenten eine Wahrheit, die ich vergessen hatte, und meine Sehnsucht wuchs, nahm mein Wesen in Besitz und ließ mich gegen die gefühlte Sinnlosigkeit ankämpfen.

Meine Kinder wurden erwachsen, mein Mann fand eine andere Frau und Amma kam genau zum richtigen Zeitpunkt in mein Leben.

Ich sah sie zum ersten Mal in den Schweizer Bergen im Sommer 1989. Eine Freundin, die Amma schon in Indien besucht hatte, führte mich zu dem großen alten Gebäude des spirituellen Zentrums, das in eine majestätische Bergwelt eingebettet lag. Nur einige hundert Menschen befanden sich im Tempel, der Babaji (von Haidakhan) gewidmet war. Die Atmosphäre war leicht, verspielt, fast ein wenig hippiemäßig mit den vielen jungen Familien und Kindern in sommerfarbenen Kleidern. Es gab kein Anstehen, keine Nummern oder Zeitkarten und in den Pausen zwischen den Bhajans herrschte eine wohltuende Ruhe. Manchmal hörte man Ammas Lachen, vernahm ein paar fremdländische Worte.

Amma saß am Rande einer kleinen Empore und umarmte lange die vor ihr Knieenden. Wir alle verfolgten die biblische Szene von ganz nah, sahen Ammas glitzernde Augen, das wunderbare Lächeln, hörten zu, wenn sie manchmal beim Umarmen in den Gesang der Bhajans singenden Swamis einstimmte und sich mit den Umarmten im Takt wiegte.

Auch ich reihte mich ein und rückte in der stillen Menschenschlange immer näher zu Amma vor. Zeit und Gedanken verloren sich langsam, mein Körper wurde durchlässig und dehnte sich in der inneren Stille aus, die durch das Schweigen der Gedanken entstanden war. Ich ließ mich von Ammas liebevoller Schwingung durchströmen und erfüllen, hatte das Gefühl, im einzig richtigen Moment am einzig richtigen Ort zu sein.

Als ich an der Reihe war, umarmt zu werden, floss ich wie von selbst in Ammas Arme und schloss die Augen. Während dieser ersten Umarmung erfuhr ich all das, was mir in den stillen und geheimen Momenten meiner Kindheit bewusst und teuer war. Ich war geliebt, geborgen und offen, weit wie das Universum.

Ich war zu Hause angekommen und hörte Amma innig etwas in mein Ohr flüstern, das wie „Bonsoir, bonsoir" klang, was ‚Guten Abend' auf Französisch heißt. Draußen strahlte die Mittagssonne an einem heißen Sommertag und ich, die Erwartete, die Begrüßte, erwiderte leise: „Bonsoir, bonsoir", ohne dabei Amma, die eigentlich „Shiva, Shiva" in mein Ohr flüsterte, anzuschauen.

Ich war nur fühlendes Aufnehmen und wusste, sie war das EINE. Eins mit allem, eins mit dem ganzen Universum und eins mit mir. Ich war daheim und in meinem Herzen war Frieden.

Am dritten Tag des fünftägigen Retreats jedoch war nichts mehr so, wie es war. Eine gewaltige Ruhelosigkeit und ein beklemmendes Misstrauen hatten mich erfasst, mich, die zuvor so sorglos in Ammas Schwingung getanzt hatte.

Was war denn los mit meinem Mind? Spielte mein Ego verrückt? Meine Gedanken überschlugen und verrannten sich. Es

Schweibenalp 1992

bauten sich wüste Szenen auf und in meinem Kopf flüsterte es: „Du lässt dich fangen, gehst der Spinne ins Netz, wirst gefressen und ausgesaugt werden."

In mir entbrannte ein unerbittlicher Kampf. Mein Mind glaubte sich in großer Gefahr und unternahm alles, um mich von meiner wunderbaren Erfahrung des Herzens wegzuziehen. „Du bist eine Schamanin, lass dich nicht in die Welt dieser Inderin ein, du wirst dich verlieren ..." Meine Gedanken bombardierten mich und ich fühlte mich auf meinem inneren Schlachtfeld immer erschöpfter. Oft stand ich im Türrahmen und schaute von Ferne dem Treiben um Amma zu. Meist kam ich vom Spiegel in der Toilette, vor dem ich zu meinem verwirrten Spiegelbild immer wieder sagte: „Du bist eine Schamanin, ja, du bist eine Schamanin."

Irritiert und aufgeregt suchte ich mittags mein kleines Zelt auf. In meiner inneren Welt war nichts mehr wie zuvor. Das Wunderbare, das sich in mir ausgebreitet hatte, stieß selbstgebaute Grenzzäune um, berührte schlafende Träume und Ängste und meine Innenwelt wurde zum Chaos. Gedanken überstürzten sich, bündelten sich, zerflossen, waren unfassbar und griffen all das an, was mich eben noch so tief erfüllt hatte.

Schweibenalp 1992

Warum konnte mein Mind nicht sein selbst gezimmertes Image loslassen? Oder hatte mein Intellekt vielleicht doch recht? Wollte mich die Vernunft warnen?

Ich war im Begriff, mich auf meine Matte zu legen, als eine klare Stimme deutlich zu mir sagte: „Wahrheit hat Gewicht!" Sofort wurde mein Körper schwer, wie um die gehörten Worte zu unterstreichen und vollkommene Entspannung stellte sich ein. Der Krieg in meinem Kopf erlosch, die Gedanken verloren sich im Nichts und meine Zellen füllten sich mit pulsierendem Leben. Ich war wieder in Ammas Gegenwart, geborgen in einer unsichtbaren Umarmung. Mit geschlossenen Augen und still, wie ich es als Kind tat, saß ich in meinem Versteck und ließ Verwandlung geschehen: die Verwandlung von einer Schamanenfrau in Ammas Kind.

Am selben Abend machte das neugeborene Amma-Kind seine ersten Schritte in das große Zelt, in dem Amma an diesem Abend Darshan gab. Ohne Mühe fand ich einen Platz in der dritten Reihe und setzte mich auf einen Jutesack, der als Unterlage diente, um

Ammas Worten und später den Bhajans zu lauschen. Ich fühlte mich Amma so nahe, eine alte Vertrautheit war aufgebrochen und ich sehnte mich nach ihrem Darshan.

Noch während der Schlussgebete sah ich, wie sich rechts und links neben Amma die Darshanlinien formten, Menschen sich in zwei langen Schlangen anstellten, in stiller Erwartung der Begegnung mit Amma. Und während ich zuschaute, mit welcher Liebe Amma die an ihrer Schulter Geborgenen umarmte, hier etwas ins Ohr flüsterte, dort mit dem Mittelfinger einen Punkt mit Sandelpaste auf eine Stirn auftrug, hatten sich die Reihen vor mir wie durch Zauberhand gelichtet und ich fand mich direkt vor Amma wieder, die ihre Hand nach mir ausstreckte.

Wieder lag ich mit geschlossenen Augen in Ammas Armen, um mich in ihrer Geborgenheit zu vergessen, und war eben im Begriff, mich wegtragen zu lassen, als es plötzlich still wurde um mich und in mir. Ich fühlte mich wie in einem luftleeren Raum, der von mächtigem Rauschen erfüllt war, und mein inneres Davonstreben kam jäh zum Stillstand. Verwundert über die Veränderung öffnete ich die Augen und blickte erstaunt in Ammas dunkle, strahlende, weiche Augen, die direkt vor meinen Augen leuchteten und zu sagen schienen: „Da ist die Wahrheit, die Gewicht hat. Strebe nicht fort! Komm mit mir auf die Reise zum großen Mysterium des Herzens. Vertraue mir, und ich werde deine Schritte lenken!"
Ich folgte ihr.

Als ich Amma zum ersten Mal sah,
blickten ihre Augen in meine Augen.
Aber meine Augen waren nicht meine Augen,
sie waren mein Herz und Amma blickte in mein Herz.
Mein Herz jedoch war nicht mein Herz, es war das Universum.
Und Ammas Augen und meine Augen begegneten sich.

Prabha

An einem Fiord in Schweden

Euer Wesen gleicht dem Himmel, nicht den Wolken.
Der Himmel ist reines Bewusstsein, so wie der Ozean reines
Bewusstsein ist.
Der Himmel ist stiller Beobachter der Wolken, der Ozean stiller
Beobachter der Wellen.
Wolken und Wellen kommen und gehen. Himmel und Ozean
sind die Grundlage für ihr Dasein.
So verhält es sich mit deinem Mind und seinen Gedanken.
Sie sind unwirklich und ohne Dauer, wie
kurzlebige Wolken am Himmel und vergängliche
Wellen im Ozean.
Sie können die Wahrheit in dir nicht berühren.
Unter der Oberfläche bleibt göttliches Bewusstsein
rein und unberührt.
Du bist reines, unveränderliches SEIN.

Amma

4

Du bist ein Königsadler

Die erste Geschichte, die ich Amma erzählen hörte

Ein Königsadler wuchs in einem Hühnerhof auf, weil sein Ei dort abgelegt und ausgebrütet worden war. Er gackerte mit den Hühnern, pickte Körner vom Boden auf, lag in den warmen Erdvertiefungen und plusterte seine Federn auf. Wenn es Nacht wurde, trippelte er mit den Hühnern ins Hühnerhaus und schlief mit ihnen auf einer Holzstange.

Eines schönen Tages, der heranwachsende Hühnchenadler war gerade dabei, seine zu großer Spannweite gewachsenen Flügel zu reinigen, rauschte es in der Luft und ein majestätischer Königsadler gesellte sich zu ihm. Erschrocken versteckte sich der Hühnchenadler vor dem kraftvollen Tier.

Das geschah immer wieder, bis es eines Tages dem Königsadler gelang, sich dem ängstlichen Hühnchenadler zu nähern. „Was machst du hier?", sprach er. „Was gackerst du mit den Hühnern am Boden und pickst Körner? Siehst du denn nicht, dass du ein Königsadler bist wie ich, dass du geboren bist, um dich hoch in den Himmel hinaufzuschwingen und dort in Freiheit deine Kreise zu ziehen?"

Ungläubig betrachtete der Hühnchenadler das wunderschöne Tier und gackerte verwirrt: „Lass mich in Ruhe, mir geht es gut hier bei meiner Familie, ich habe alles, was ich brauche, und mein Leben gefällt mir."

Der Königsadler aber gab keine Ruhe und sagte mit leiser Stimme zu dem Hühnchenadler: „Bitte, komm mit!" Er führte seinen Artgenossen an einen stillen Teich. Dort ließ er ihn ins Wasser blicken und zeigte ihm sein Spiegelbild.

In diesem Augenblick erkannte der Hühnchenadler, wer er in Wirklichkeit war, und mit dem Schrei eines Königsadlers schwang er sich mit seinem Artgenossen hoch in den blauen Himmel.

Amma ist unsere Königsadlermutter, die uns immer wieder aufmerksam macht auf das, was wir in Wirklichkeit sind:

Göttliche Wesen in einem menschlichen Körper!

In uns warten Liebe, Mitgefühl, Licht und Kraft auf ihr Erwachen, um sich durch uns in die Welt zu verströmen.

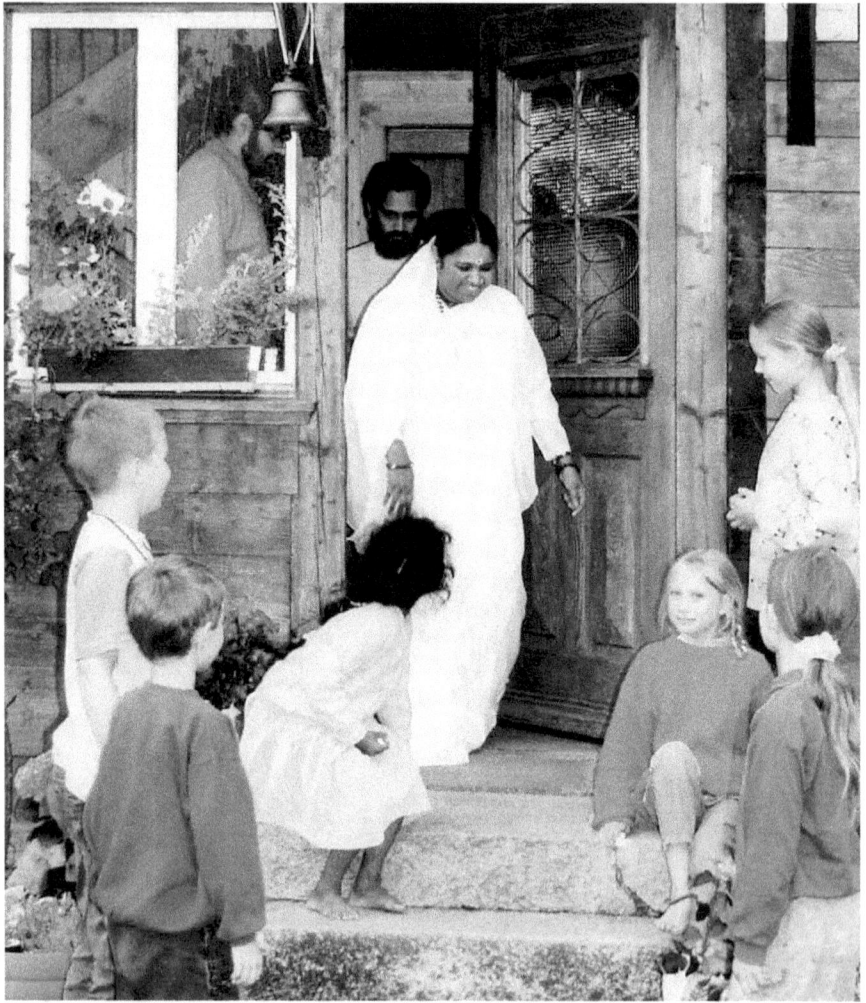

Schweibenalp 1992 vor dem Chalet

5

DEVI-BHAVA-BLÜTEN

Ich bin die Quelle, aus der du trinkst.
Du kannst mich nicht besitzen,
aber eins werden mit mir.

Prabha

Amma hatte mich gefunden und ich fühlte mich angenommen! In mir jubelte es. In meinen Seelengarten zog Frühling ein und tausend zarte Blumen blühten. Betört von ihrem süßen Duft vergaß ich alles, was ich vor meiner Fahrt zu Amma einer Freundin anvertraut hatte. Kategorisch sagte ich damals: „Für mich kommt nur ein Meister in Frage, der auch streng sein kann, nur immer so lieb, lieb, das ist nicht für mich, das bringt mir gar nichts!"

Leichtfüßig tanzte ich nun in Ammas Liebe, ein Glückskind ohne Sorgen, in keiner Weise ahnend, dass Amma genau wusste, was ich vor ein paar Wochen über den richtigen Guru für mich gesagt hatte. Wie sollte ich auch! Ich hatte keine Ahnung von der allumfassenden Größe eines Wesens wie Amma. Sie wusste alles über mich, was sie zu wissen brauchte, und suchte sich die Nacht des Devi Bhava aus, um sich mit mir in Verbindung zu setzen und mir meinen Wunsch nach einem strengen Meister in Erinnerung zu rufen.

Ich verbrachte eine faszinierende Nacht. Eine immense Kraft und überirdische Schönheit gingen von Amma aus. Im farbigen Seidensari und der Krone, die sie schmückte, sah sie aus wie die Mensch gewordene Energie Devis, der göttlichen Mutter. Ihr Körper vibrierte und brachte die Glöckchen an ihren Fußkettchen zum Klingen. Ich sah zu, wie sich ihr die Menschen auf den Knien näherten, wie einer nach dem anderen in ihren Schoß gezogen, umarmt und geherzt wurde. Wie sie jedem etwas ins Ohr flüsterte, mit dem Mittelfinger Sandelholzpaste auf die Stirn gab, tröstete, besänftigte, ermutigte, heilte. In ihrem Schoß war jeder gleich und in unbegrenzter Liebe aufgehoben. Aus ihren Augen leuchtete Mitgefühl, ihre Bewegungen flossen aus einer unsichtbaren Mitte. Ich nahm sie als heilige Gabe an die Menschheit wahr, inkarniert für alle Leidenden, Suchenden, Dürstenden. In mir brach ein Damm und im Strom ihrer Liebe flossen still meine Tränen.

Auf sie hatte ich gewartet, ohne es zu wissen. Um die Verbindung mit Amma unauflöslich zu machen, wollte ich ein Mantra und reihte mich in die endlose Schlange hinter dem Zelt. Wie schwierig war es doch, dort zwei Stunden zu warten, obschon die Nacht warm war, der Himmel voller Sterne und die Berge uns schützend umrahmten. Denn drinnen saß SIE und ich sehnte mich

danach, in ihrer Gegenwart und dem wunderbaren Geschehen zu sein.

„Es ist eine Prüfung", sagte ich mir, „dieses Kostbarste muss verdient werden." Und ich wartete und wartete und ließ mich im Studienfach ‚geduldig sein' testen, bis auch ich endlich an der Reihe war, wieder ins Licht des Zelts, das als Tempel diente, einzutreten.

„Welches ist deine geliebte Gottheit?", fragte mich ein gelb gekleideter Swami, und ich sah sofort, dass die Gottheiten-Liste bei mir leer war. Es sollte etwas Weibliches sein, antwortete ich ihm und kniete mich auf der rechten Seite von Ammas Sitz nieder. Der Swami besprach sich mit ihr und Amma schaute mich prüfend an, zog meinen Kopf zu sich und flüsterte Worte in mein Ohr, die ich noch nie gehört hatte, aber deren Klang eine alte Welt in mir wachrief.

Die fremden Silben breiteten sich in mir aus, als wollten sie Besitz von mir nehmen.

Der Swami deutete an, Amma möchte, dass ich mich neben sie setze, um mein eben erhaltenes Mantra dreimal zu wiederholen, und Amma zeigte mit dem Finger auf einen Platz direkt neben dem Stuhl. Dann legte sie mir Blütenblätter in die Hand und der Swami gab mir einen kleinen Zettel, von dem ich die Silben meines Mantras laut ablesen und jeweils nach dem Wort namaha (ich verneige mich) die Blütenblätter ausstreuen sollte.

Ich gab mein Bestes, das mir Unmögliche möglich zu machen. Meine Lippen formten das Fremde, meine Stimme erzeugte den Laut, und irgendwie schafften auch meine Hände das Streuen der Blütenblätter. Amma verfolgte intensiv meine unbeholfenen Gesten und Laute, korrigierte mich, sprach vor, lächelte amüsiert und nahm die Gestalt einer Weltenmutter an, die mich zu einem kleinen, unwissenden Schulkind machte. Ich hatte von A bis Z und in jeder Beziehung das Gefühl, eine totale Anfängerin zu sein, und genau das war es, was Amma bewirken wollte.

Mein Mind wurde still, weit und empfänglich. Das wunderbare Geschehen um Amma, das Fließen ihrer Liebe, das Strahlen in ihren Augen, der Klang ihrer Stimme und der Glöcklein an ihren Füßen, die Pracht ihres Saris und der Krone, die Farben und die Musik der singenden Swamis, das alles vereinte sich in mir zu einem rauschenden Tanz, der in jeder Zelle meines Körpers tanzte.

Als alle Anwesenden umarmt waren, erhob sich Amma feierlich und schritt langsam zum Rand der Bühne. Alle Anwesenden passierten vor der Bühne, dicht gedrängt, lachend und vor Freude strahlend oder traurig. Aus einem Korb, den ihr eine Frau im weißen Sari hinhielt, schöpfte Amma immer wieder Hände voller Blütenblätter, die sie zum intensiven, von Harmonium, Tabla und Glocken begleiteten Gesang der Swamis kraftvoll über die Menschen und weit in den Raum des Zeltes warf, das für mich über Nacht zum Tempel geworden war.

Lachend spürte ich die Blüten auf meiner Haut, tanzte selig und sah zu, wie sich der von Amma geworfene Blütensegen vor meinen Augen in Schneeflocken verwandelte, die in Zeitlupe langsam vom Himmel schwebten. Ich war ein Kind, das tanzte und Schneeblütenflocken fing, als plötzlich meine rechte Wange wie von einem Messer geritzt wurde und sich brennender Schmerz ausbreitete.

Schnell griff ich mit meiner Hand nach der Stelle und erwartete, Blut zu sehen. Aber auf meiner Hand zeigte sich zu meiner Überraschung kein Blut, obwohl ich noch immer das Gefühl empfand, verwundet worden zu sein. Wer hatte mir das angetan?

Ich blickte mich nach einem Täter um und sah, dass aller Augen glücklich auf Amma gerichtet waren. Ihre Person hatte ich im Blütentaumel völlig vergessen. Sie war zu allem geworden, was mich umgab, sie war die Blüten, sie war die fallenden Schneeflocken im Sommer und sie war der Himmel, aus dem sie wirbelten! Ja, sie WAR uns alle und unser Glück und nun sah ich, wie aus Trance erwacht, zur Bühne und direkt in Ammas Augen.

Sie lächelten nicht, ihr Gesicht war dunkel, und es schien mir, als spielte um ihre Lippen ein wissendes Lächeln. Wie angewurzelt blieb ich stehen. Hatte Amma eine Handvoll Blüten mit solcher Kraft nach mir geworfen, dass die feinen Blätter mich an eine verletzende Klinge denken ließen?

Ja, so musste es gewesen sein, denn Amma blickte mich unverwandt an und ihre Augen sagten: „Hier hast du deine spirituelle Meisterin, die nicht nur lieb, lieb ist, sondern auch streng sein kann."

Dann schien sich Amma vor mir vollends in ein göttliches Wesen zu verwandeln. Sie leuchtete golden und wirkte wie eine Murti, eine dieser indischen Steinstatuen einer Gottheit. Ihre Füße schienen den Boden nicht mehr zu berühren. Ein Wesen blickte mich an, das entschwunden war in eine Welt, zu der ich keinen Zugang hatte.

Und dann schloss sich der Vorhang ganz unerwartet vor ihr, die Musik verklang und jemand forderte mich auf, mich zu anderen in einen Kreis zu setzen, um zu lernen, wie mein Mantra zu gebrauchen sei.

Aber was tat ich? Ich eilte Hals über Kopf zu meinem Zelt, brach es in Windeseile ab, ließ mich von zwei jungen Menschen den Berg hinunterfahren und stieg unten auf dem Parkplatz in mein Auto, um im anbrechenden Tageslicht zu fliehen. Zu fliehen vor dem, was an jeder Faser meines Lebens zog und mir sagte, dass ich nie mehr dieselbe Anna sein würde.

Ein See lag auf meinem Heimweg und als ich dort ankam, fielen die ersten Sonnenstrahlen aufs Wasser. Es war früher Morgen und ich befand mich allein in der erwachenden Natur. Ich parkte mein Auto am Ufer, stieg aus den Kleidern und schwamm auf dem goldenen Streifen aus Sonnenlicht, weit in den kühlen See hinaus.

Später saß ich auf einem großen Stein im Wasser, neben mir schaukelten ein paar Blütenblätter auf den Wellen, als wollten sie mir sagen, dass alles, was ich in den letzten Tagen erlebt hatte, kein Traum war. Ich hielt den kleinen Zettel vom Swami in der Hand, rezitierte mein Mantra, so wie es Amma mich gelehrt hatte, und es war, wie wenn die Berge, der See, die Sonnenstrahlen und der blaue Himmel sich einstimmten und antworteten auf diese uralten Worte der Menschheit und deren universelle Kraft.

Dann fuhr ich unterkühlt nach Hause, legte mich ins Bett, verbrachte schlaflose Stunden und begab mich am Abend zurück auf den Berg, zu Amma.

Die Swamis sangen, als ich in den Raum trat, der als Tempel diente, und mir war, als würde ihr Gesang mich willkommen

heißen. Amma umarmte, umarmte auch mich, die glücklich Wiedergekehrte.

Später nahm sie Abschied von uns und dem Ort in den Bergen. Sie saß im Fond eines langsam durch das Eingangstor fahrenden Wagens. Auf ihrer Seite war das Fenster herunter gekurbelt und sie streckte den Anwesenden ihre Hand zu einer letzten Berührung entgegen. Ich stand allein in der Dunkelheit des Waldes, als sich unsere Handflächen berührten und zwei glitzernde Augen meinen Blick erwiderten.

Dann war sie weg und gleichzeitig war sie da. Ich spürte ihre Berührung. Sie war nicht nur der kleine, weißgekleidete Körper einer indischen Frau. In mir blieb sie als Liebe zurück, als eine Entfaltungskraft, in der mein Leben eine neue Richtung nahm. Meine vielen inneren, sich suchend mäandernden Nebenflüsschen, die sich in viele Gebiete der Landkarte meines Lebens erstreckten, wurden durch ihre Anwesenheit zu einem einzigen Fluss vereint. Einem Strom, der heute immer noch wachsend fließt, seinem Ziel entgegen, der Vereinigung mit dem Meer.

6

Nach Amritapuri

Sei still, mein Herz, ganz still.
In deiner Tiefe will ich Mutters Lied vernehmen
Und meine Arme ausbreiten zum Tanz in der Liebe.

Prabha

Mein Leben in Indien begann im Januar 1990 mit der Landung einer älteren Air-India-Maschine auf dem kleinen Flughafen Trivandrum und meiner sich über Stunden dahinziehenden Suche nach Ammas Tempel.

Es gab nur einen Weg zum heiligen Ort und den versuchte mein älterer Taxifahrer mehr als einen halben Tag lang zu finden. Hinten im alten Ambassador sitzend, hielt ich jedem, der von meinem hilflosen Chauffeur um Auskunft gebeten wurde, einen weißen Zettel mit Ammas Adresse und ihrem Bild entgegen. Ich verstand kein einziges Wort von dem, was gesprochen wurde. Sah nur, dass die einen den Kopf schüttelten, was auf Indisch Nein hieß, und andere mit dem Kopf wackelten, was Ja heißen musste.

Manchmal stieg ein Gast zu und einige Kilometer später wieder aus, einige der auf unser Ziel Angesprochenen zeigten in die entgegengesetzte Richtung, ein lachender junger Mann riss Ammas Bild aus dem Adresszettel und alles in allem war jeder mehr an meinem westlichen Madamma-Gesicht interessiert als an Ammas Wohnsitz. Meine Hoffnung wäre auf den Nullpunkt gesunken, wenn ich nicht fest davon überzeugt gewesen wäre, dass Amma mich erwartete.

Endlos schien die Fahrt auf der staubigen Landstraße, die sich Fußgänger, Handkarren, Ochsengespanne, Fahrräder, überladene Anhänger, Autos und Busse in waghalsigen und unvorhergesehenen Manövern teilten, und mir blieb nur die Hoffnung, dass wenigstens die Richtung stimmte.

Tatsächlich zeigte der Fahrer plötzlich auf ein Straßenschild, dessen Name auch auf meinem Zettel stand, und gleichzeitig bog er in eine schmale Naturstraße ein. Sie führte durch einfache Dörfer in Palmenwäldern, vorbei an farbigen Tempeln und im Wasser blühenden Lotosblumen. Männer saßen vor kleinen Geschäften, die sie abends mit Holzbrettern verschlossen, Frauen trugen glänzende metallene Wasserkrüge, die sie an einem gemeinsamen Wasserhahn neben der Straße gefüllt hatten, und in offenen Schuppen lernten Kinder.

Dann war die Straße plötzlich zu Ende und über ein breites Wasser blickend sah ich mein Ziel. Die kleinen Mandapams des Tempeldachs überragten die Palmen, in deren Schatten Ammas Tempel und die umliegenden Häuser der Fischer lagen.

Am Ufer der Backwaters, die wie ein breiter Fluss aussehen, waren schlichte Boote vertäut. Ein Fährmann winkte, jemand streckte die Hand nach meinem Gepäck aus und schon stand ich als Attraktion im kleinen Boot, das der Fährmann mit einer langen Stange durchs Wasser stakte. „Saipe", eine Fremde, hörte ich Frauen in farbigen Saris und Männer in karierten Dhotis sagen, aller Augen beäugten mich verstohlen und jedermann diskutierte lautstark und kichernd, woher ich wohl käme. Ich stand mitten unter meinen neuen Nachbarn und versuchte das Gleichgewicht zu halten, während mich das Boot neuen Ufern entgegen trug.

Ich war mir bewusst, dass ich ein symbolisches Bild erlebte. In den indischen Schriften steht, dass wir geboren werden, um den Ozean von Samsara zu überqueren, und uns diese Reise von

Fähre vom Festland zu Ammas Tempel

einem Leben aus dem begrenzten Mind in ein Leben aus dem grenzenlosen Selbst führen wird.

Und nun war ich daran, diesen Ozean in Form der malerischen Backwaters zu überqueren, neugierig und aufgeregt im Boot eines sehnigen Fährmanns im aufgeschürzten roten Dhoti stehend.

Ammas großer Tempel war noch im Rohbau und Amritapuri hieß noch nicht Amritapuri, als ich mit meiner spärlichen Habe vor dem eindrücklichen Heiligtum stand. Drei Monate wollte ich bleiben. Ich blieb siebzehn Jahre.

Der Darshan war schon vorbei, als ich die Stufen zum kleinen Laden erklomm, in dem man sich anmelden musste. Er wurde von einer westlichen Bewohnerin des Ashrams geführt, die mir neben einem Platz im großen Schlafsaal, dem Kalidorm, auch den ‚Dress-code‘ des Ashrams bekannt gab: die Fußknöchel bedeckender, einfacher Stoff und über der Bluse ein Schal, der die weiblichen Formen kaschiert. Ich erstand zwei Modelle und machte meine ersten Schritte in Ammas indische Welt.

Es war wunderbar, neugierig und offen auf Entdeckungsreise zu sein. Alles war fremd und konnte vom Mind nicht etikettiert werden. Nur Schauen und Staunen waren angesagt.

Haushaltsarbeiten an den Backwaters

Da waren die vielen Backwaters, kleine Seen zwischen den Häusern, in die Fischer in aufgeschürzten Dhotis stiegen, um ihre einfachen Netze auszuwerfen und die Fische durch Händeklatschen aus ihren Verstecken zu locken. Bescheidene Behausungen, größtenteils aus Palmblättern geflochten, lagen überall verstreut und Großmütter saßen auf ihren Schwellen, um spärlich bekleidete Kleinkinder zu beaufsichtigen, während Frauen in langen Hauskleidern aus indisch gemusterter Baumwolle hinter den Häusern im Freien das Essen kochten und die Haushaltsgegenstände mit Asche oder Sand reinigten.

Und dann das Meer! Dunkler feiner Sand, auf dem große, archaische Fischerboote ruhten. Fischer, die Netze flickten und nach getaner Arbeit Karten spielten. Die Landzunge mit Ammas

Ashram war keine 600 Meter breit und die Menschen hier lebten in großer Armut.

Ich sah nur einige kleine, aus alten Brettern zusammengebaute Verkaufsstände, in denen vor allem farbige Süßigkeiten in großen Gläsern angeboten wurden, und war dankbar, dass ich im von zwei westlichen Frauen geführten Ashramladen keimfreies Trinkwasser kaufen konnte und im großen Esssaal, in einer langen Reihe am Boden sitzend, täglich drei Mahlzeiten Reis und Curry essen durfte.

Fischer am Strand

Ein kleiner Blechschuppen vor dem Tempel war der Bücherladen, in dem auch Fotos verkauft wurden. Ein Bild von Ammas Füßen auf einem gelben Tuch mit geheimnisvollen Schriftzügen zog mich unverzüglich in seinen Bann. Ich kaufte es, legte es in mein Tagebuch und schrieb dazu:

„Ich bin da, wo Gott seine Füße auf die Erde stellt."

Dann schlief ich auf der Matte im unteren der eisernen Stockbetten ein.

Am nächsten Tag sah ich Amma. Mit vielen Indern und wenigen Westlern saß ich auf dem Fußboden der langgezogenen

Darshan-Hütte. An den Wänden aus Holz und geflochtenen Palmblättern waren Bilder von Heiligen und Gottheiten aufgereiht.

Eine dichte Schwingung begleitete unser Warten. Alles Denken war auf Amma gerichtet und auf die kleine Tür, durch die sie jederzeit die Hütte betreten konnte. Vorne im Raum war Ammas Sitz hergerichtet worden, ein breiter, mit indischen Tüchern bedeckter Peetham, wie ein Bett.

Unser langes meditatives Warten endete plötzlich, als sich fast lautlos die kostbare Tür öffnete und Amma behände in die Hütte trat. Mit ihr breitete sich augenblicklich pulsierendes Leben aus. Die Köpfe reckten sich und alle Augen waren auf einen einzigen Punkt gerichtet: auf Amma, die sogleich die ihr am nächsten sitzende Person in ihren Schoß zog und ihre rechte Hand in langen Bewegungen über deren Rücken gleiten ließ.

Warten auf Amma in der Darshanhütte

Eine Frau begann zu singen und begleitete sich auf dem Harmonium. Jeder gesungene Satz wurde von uns allen wiederholt und manchmal stimmte auch Amma in den Gesang ein, während sie den Menschen in ihrem Schoß sanft im Rhythmus wiegte. Nie hätte ich in diesem Moment gedacht, dass auch ich einmal die Frau sein würde, die mit den Menschen in der Hütte für Amma singt, um das Göttliche in dieser zauberhaften Atmosphäre zu loben.

Die Gesänge, die indische Hitze, die geduldig Wartenden und Amma – so nah bei mir – ließen mich die Zeit vergessen und als auch ich in ihre Arme geschlossen wurde, schwiegen meine Gedanken und machten reiner Freude Platz. Mich haltend und wiegend spielte Amma mit meinem Schal, erfand diesen Zeitvertreib einzig und allein, um mir zu erlauben, ganz bei ihr anzukommen.

Erfüllt verließ ich die Hütte, um mich hinter der Wand, an der Amma saß, in den Sand und ans Wasser zu setzen. Mit geschlossenen Augen ließ ich die Berührung von Amma weiterwirken, pulsierende Energie strömte in mir, mein Kopf war leer und alle meine Lieben waren bei mir, in meinem Herzen. Sie wurden zusammen mit mir umarmt und gesegnet von der unendlich fließenden Liebe, die Amma ist.

Blick auf die Backwaters

7

ERSTE TAGE IM ASHRAM

Sei meine Kraft der Wahrnehmung, Amma,
damit ich weiß, wenn Kalis Schwert mich richtet.
Du bist es, die mich zu Liebe macht.

Prabha

Morgendliches Archana im Kalitempel

„Sag mir, was sich in dir verändert hat, seit du Amma kennenge-
lernt hast", fragte mich jemand und ich antwortete spontan und
einfach: „Amma hat mir gezeigt, dass ich geliebt bin."

Die unumstößliche Tatsache, geliebt zu sein und mich auch
geliebt zu fühlen, war Ammas erstes großes Geschenk und es
veränderte mein ganzes Leben. Ammas Liebe öffnete einen Raum
in mir, in dessen Ruhe ich, die Geliebte, die Dinge mit einer

gewissen Loslösung und aus mehr Distanz betrachten konnte und dabei erfahren musste, wie ausschließlich mein Leben von außen geprägt war.

Mein Ego, das auch meine Person ist, reagierte sofort auf alles, was mir begegnete, fühlte sich angegriffen, verteidigte sich, wollte sich keine Fehler erlauben, wollte gut dastehen, wollte Macht. Ich befand mich tief in einem selbstgebauten Kerker und Amma hatte nichts Anderes mit mir vor, als mich Schrittchen für Schrittchen daraus zu befreien.

Hier in Amritapuri war alles darauf angelegt, mein Ego in Schwierigkeiten zu bringen – und nicht nur meines. Amma hatte das mit den Egos aller, die hier lebten, vor, und man war versucht zu denken, dass sie keinen besseren Platz für diesen Plan hätte aussuchen können. Für mich gab es hier eine Sprache, die ich weder verstand noch lesen konnte, und das hatte zur Folge, dass Schlaureden, Manipulieren und sich mit allen Vorzügen zeigen, wegfielen und ich mich neu definieren musste. Weil die indische Mentalität mir vollkommen fremd war, hatten hier auch Wohlerzogensein und Anstand ein anderes Gesicht. Ich begegnete so vielen unbekannten Gepflogenheiten und Regeln, die ich als Unwissende missachtete, dass ich immer wieder auf die eine oder andere Art zurechtgewiesen werden musste. Dadurch wurde mein Image schon in den ersten Wochen ziemlich angekratzt. Viele meiner Gewohnheiten ernteten Kopfschütteln und Angelerntes war nicht mehr gültig. Ich wurde erbarmungslos gezwungen, mich und meine Reaktionen anzuschauen und daraus zu lernen. Und da kam so einiges zum Vorschein, das vorher geschickt und ungesehen ein verstecktes Dasein in mir gefristet hatte.

Wut und Ungeduld zeigten sich und nicht zuletzt meine Überheblichkeit. Ich erkannte, dass ich meinte, die Ashramiten müssten meinem Standard von heiligen Ashrambewohnern genügen. Dass ich mich von ihnen nicht verstanden und angenommen fühlte, brachte beschämende Projektionen hervor.

So hatte ich mir das ‚Verlieren des Egos‘ nicht vorgestellt. Es war oft schrecklich und beschämend, negative Facetten meiner

Person anschauen und annehmen zu müssen, denn Amma legte den Finger sehr gekonnt auf meine Schwächen. Dass ich standhielt und nicht wegrannte, war nur möglich, weil ich auf einer tieferen Ebene durch Ammas reine Liebe und ihr unendliches Mitgefühl mit ihr verbunden war und sie etwas in mir berührte, das ich mein ganzes Leben lang gesucht hatte.

„Dieser Ashram ist wie eine große Wäscheschleuder für Steine", sagte uns Amma einmal. „In ihr werden viele rohe Edelsteine gewaschen, gespült und geschleudert, so lange, bis sie ihre Ecken und Kanten aneinander abgeschliffen haben und zu leuchten beginnen."

Ich war ohne Zweifel aus sehr hartem Gestein und neben meinen wunderbaren Momenten in Ammas Gegenwart wurde ich immer wieder in die Steintrommel gesteckt.

In der Schweiz hatte ich beruflich verschiedene Arten von Bambusflöten gebaut und spielte sie auch. Einige hatte ich nach Indien mitgenommen. Man kann nie wissen, dachte ich, vielleicht möchte Amma gern meine Musik hören, mich gar auffordern, ihr etwas vorzuspielen, und mich eventuell in ihre Musikergruppe eingliedern?

Gemüse schneiden

47

Aber dem war nicht so. Meine Arbeit, Seva genannt, begann morgens um sieben Uhr nach dem Singen der 108 Mantren für Amma und dem Archana, den tausend Namen der göttlichen Mutter im großen Tempel.

Es war ein Seva, selbstloser Dienst, mit vielen Überraschungen und hieß Gemüseschneiden für Curry und Sambar. Wir waren ein Dutzend Inder und Westler und saßen zusammen auf dem gekachelten Fußboden des großen Esssaals. Vor uns lagen Holzbretter und große indische Messer, mit denen wir Bergen von verschiedenem Gemüse zu Leibe rückten.

Angeleitet wurden wir von einem älteren Ashrambewohner, der wie alle älteren indischen Ashrambewohner Acchan, Vater, genannt wurde und weil er aus Calicut stammte, Calicut Acchan war. Er wusste genau, welches Gemüse wie zu schneiden war, und fertigte uns jeweils ein Muster an, an das wir uns halten mussten. Für Curry hatten die Stücke quadratisch zu sein, mal größer, mal kleiner. Für Aviel lang und mal dicker, mal dünner. Und für Toren wurde mit den großen Messern ganz fein gehackt.

Es war faszinierend, Gemüsesorten zu bearbeiten, die ich noch nie gesehen hatte. Da gab es zum Beispiel die große braune Wurzel, die Elefantenfuß oder Chena genannt wird. Sie war echt hässlich und um mit ihr zu arbeiten, musste man sich die Hände einölen. Ich schnitt sie als Erstes in zwei Teile und bestaunte verwundert die leuchtende Farbe eines Sonnenuntergangs in ihrem Innern. So kann es auch mit uns Menschen sein, durchfuhr es mich und ich hörte Amma sagen: „Rede nie schlecht über andere, du weißt nicht, wie es in ihnen aussieht."

Schon am ersten Tag erhielt ich meine Lektion in Sachen mein und dein. Ich schälte emsig meine Karotten, um sie später zu schneiden, und gab mir auch Mühe, schnell zu sein, ehrlich gesagt, die Schnellste zu sein. Zufrieden verglich ich das sich vor mir auftürmende Karottenhäufchen mit demjenigen der anderen. Ich war gut platziert in meinem selbst arrangierten Wettbewerb, als ich plötzlich entsetzt feststellen musste, dass meine Karotten verschwunden waren. „Wer hat meine Karotten genommen?", dachte ich aufgebracht und ließ meinen Blick unauffällig suchend umherschweifen.

Neben mir saß eine junge Inderin und zerkleinerte mit flinker Hand das, was ich geschält hatte. Entsetzt schaute ich mich um und wollte mich vergewissern, ob jemand den Frevel bemerkt hatte. Dabei sah ich, dass einige von uns schälten, so wie ich, und andere schnitten, so wie sie.

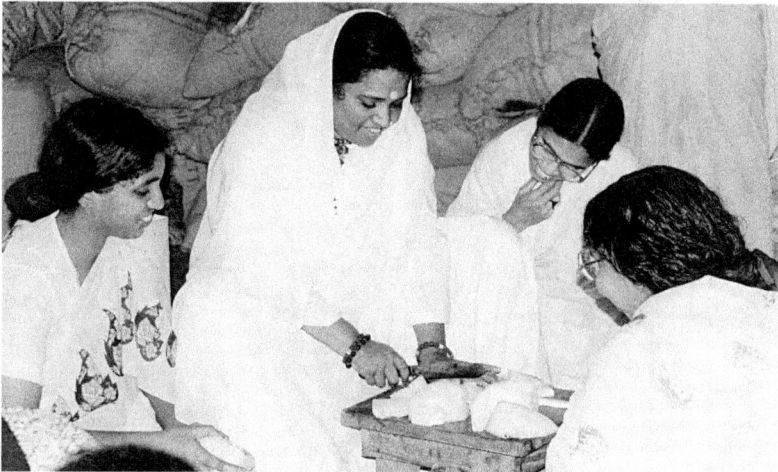

Gemeinsames arbeiten

Dank dieser Geschichte sah ich, wie schnell meine Gedanken neutrale Dinge zu mein und dein machen können, und lernte gleichzeitig die klassische indische Arbeitsteilung kennen, in die viel weniger Ego involviert ist als in unserer westlichen Arbeitswelt.

An diesem Tag wurde mir mein anerzogenes Wettbewerbsdenken gnadenlos vor Augen geführt und beschämt musste ich sehen, wie sich Haltungen in mein Leben geschlichen hatten, nach deren Themen ich gedankenlos tanzte: Gutsein, um geliebt zu werden; schnell sein, um gelobt zu werden; nett sein, um zu gefallen ... Bei Amma gelten andere Lehrsätze. Zu der vorangegangenen Geschichte zum Beispiel: Sei hier und jetzt. Richte deine volle Aufmerksamkeit auf den gegenwärtigen Augenblick und auf das, was du gerade tust, ohne an die Früchte deiner Handlungen zu denken.

Oft zog ich mich nach dem Gemüseschneiden in eines der sich im Rohbau befindenden Zimmer im fünften Stock des Tempels zurück, um auf meiner Lieblingsflöte zu spielen. Ihr Bau war mir besonders gut gelungen und wenn ich zu Hause auf ihr improvisierte, kam oft unsere Katze, schmiegte sich an mich und

Ammas kleiner Krishna mit Flöte

reckte sich an mir zur Musik empor. Ich hatte meinen Wunsch, von Amma als begnadete Flötenspielerin entdeckt zu werden, noch nicht ganz begraben und stellte mir beim Spielen vor, wie sie in ihrem Zimmer meinen Klängen lauschte. Ich war wieder einmal auf einem Egotrip, wollte, dass sie meine wunderbare Musik hörte, ja, dass meine Musik sie an die Klänge aus Krishnas Flöte erinnerte.

Natürlich sollte sie sich dabei auch an mich, die Virtuosin, erinnern und vielleicht würde sie fragen: „Wer spielt auf dieser magischen Flöte?" Dann würde ich bescheiden sagen: „Ich, ich habe sie selber gebaut." In meinen Tagträumen hätte mich Amma zu diesem Austausch selbstverständlich in ihr einziges, kleines Zimmer rufen lassen.

Mit diesen Träumereien war die Geschichte noch nicht zu Ende, nein, sie fing jetzt erst richtig an.

Ich begegnete meiner Freundin Mira während Ammas Nordindien-Tour im Jahr 1990. Auf dieser Reise begleiteten mich auch einige meiner Flöten, auf welchen ich in unserer freien Zeit gerne improvisierte. Mira liebte meine Musik und saß oft neben mir, vor allem dann, wenn ich auf meiner wunderbaren, kleinen Sopraninoflöte spielte. Eines Tages verriet mir Mira, wie gern auch sie das Flötenspiel lernen würde und im Impuls des Moments versprach ich ihr mein selbstgebautes Sopranino mit seinem außergewöhnlichen Klang, bereute aber meine Worte kurz darauf, weil ich sah, dass ich mich nicht von diesem Instrument trennen konnte. Kurzentschlossen schenkte ich Mira eine ähnliche, auf einem indischen Markt gekaufte Flöte, die meine Anhaftung am Besitz vertuschen sollte.

Am Abend nahm Mira diese ‚Ersatzflöte' mit in den Tempel und reichte sie Amma, um sie segnen zu lassen. Ammas Augen richteten sich lange auf die Flöte, die sie liebevoll mit ihren Händen streichelte und dabei, da bin ich mir heute ganz sicher, meine Lügengeschichte ganz genau betrachtete. Dann sagte sie plötzlich mit einem entsetzten Blick und gerade so laut, dass sich ihre Worte schmerzvoll in mein Herz gruben: „Oh, aber die ist ja gar nicht aus Bambus!"

Aus, kein Wort kann meinen Zustand beschreiben. Es war mein ‚erstes Mal' und Amma ist eine Meisterin. Mit ein paar Worten hatte sie alle meine geheimsten Manipulationen auf einmal aus ihren Hinterhalten heraufbeschworen und mich zu einem armselig sich windenden und sich schämenden Häufchen Elend gemacht.

Dass ich Mira daraufhin meine liebste Flöte schenkte, hat an der Tatsache, dass Amma mir Einsicht in die rituellen Eigenschaften von Mutter Kali verschaffte, nichts geändert. Ich musste durch und es war schrecklich!

Meine eigene Sumpflandschaft breitete sich vor mir aus und ich musste sie durchwaten, da gab es kein Entkommen. Ich durchweinte eine ganze Devi-Bhava-Nacht und erst ganz am Schluss kniete ich mich vor Amma nieder und fühlte mich so abscheulich und niederträchtig, dass ich kaum wagte, mich umarmen zu lassen.

Sie aber zog mich rasch an sich und mir war, als würde mir Mutter Kali persönlich die Last der Schande von meinen Schultern nehmen. Die Silben Ma Ma Ma klangen scharf wie Messer in mein Ohr. Es war, als wollten sie die Ketten aufsägen, mit denen ich an mein Elend gefesselt war. Damit nahm der Horror meiner ersten Lektion in Sachen ‚Egoköpfen' ein Ende.

Lange saß ich am nächsten Tag vor der Statue von Kali, von der gesagt wird, dass sie das Ego der Menschen mit ihrem Schwert richtet. Ich betrachtete den abgeschnittenen Kopf in ihrer Hand. Das könnte meiner sein, den sie mir gestern abgetrennt hat, dachte ich, dankte ihr aus ganzem Herzen und erbat Augen, die das sehen können, was sie mir zeigen möchte.

Die Flöte gab mir Mira nach einem halben Jahr zurück. Die Erinnerung an das mit ihr verbundene Erlebnis bleibt mir kostbares Zeugnis von Ammas Schulung.

Jenseits aller Gedanken erwartest du mich,
Hinter tausend Toden von Gewohnheit und Erwartung.

Prabha

Kali in Amritapuris Tempel

8

Kali,
Du hast mich besucht letzte Nacht
In der Ekstase des Tanzes.

Dein schwarzer Körper war mein Körper,
Dein rotes Kleid mein Kleid.
Die KRAFT durchströmte mich
Und hob die Grenzen auf.
Ich wurde Erde und ich wurde Himmel,
Durchtanzte hingegeben viele Leben.

Brennend warst du, Kali, unerbittlich.
Schlugst kahl die aufgebauten Gärten.
Versprachst mir neues Leben aus den Wunden.
Du führtest mich an meine Grenzen,
Ich schaute meinen Tod.
Hautlos schritt ich mit dir
Durch meine Angst.

Ich meinte erst, du seist die Nacht in mir,
Das Dunkle, Ungelebte,
Das abgeschnitten auf Erlösung wartet.
Du aber zeigtest mir,
Dass du das Ganze bist.
Bedingungslose reine Liebe,
Die töten kann und neu erwecken
Zu einem Lebenstanz in Gott.

Prabha

Im Waisenhaus 1990

9

A Zero Is A Hero
Sei null Ego und du bist ein Held

Willst du Frieden in der äußeren Welt erreichen,
muss deine innere Welt in Frieden sein.

Amma

Ich brauchte dringend ein paar Tage ashramfrei! Mir war alles zu viel geworden, zu eng, zu unbequem, zu schwierig, zu heiß, zu dreckig ... zu ... und zu ... Das Wasser stand mir bis zum Hals und in solchen Momenten war flüchten schon immer mein Ausweg gewesen.

Um meine Flucht vor Amma zu tarnen, hatte ich einen, wie mir schien, sehr schlauen Plan ausgeheckt. Zufrieden mit meiner Idee, begab ich mich in die Hütte zum Darshan, wartete geduldig und hoffnungsvoll, bis ich an der Reihe war umarmt zu werden, und fragte Amma unschuldig: „Amma, morgen fahren zwei Brahmacharinis zum Arbeiten ins Waisenhaus. Könnte ich sie vielleicht begleiten und dort etwas Nützliches tun?"

Amma schaute mir tief in die Augen und fragte: „Kannst du dich ganz klein machen?"

„Ja sicher, Amma, so klein kann ich mich machen", antwortete ich und presste vor ihren Augen Daumen und Zeigefinger der rechten Hand zusammen.

„Dann geh", sagte Amma nur und ich stieg am nächsten Tag in den alten Ambassador, quetschte mich in das letzte Eckchen Platz und schloss die Augen auf der Furcht erregenden Fahrt über Indiens belebte Straßen.

Im Waisenhaus war dann ich die Waise. Vollkommen entwurzelt, ohne Sprachkenntnisse und Beistand fand ich mich auf dem Abstellgleis wieder. Zwar freuten sich die Kinder und wollten, dass ich singe. „Ah, ich bin doch noch von Nutzen", tröstete ich mich und war ein wenig stolz über meinen musikalischen Erfolg. Leider musste ich aber bald erfahren, dass es den Kindern in keiner Weise um meinen Gesang ging, denn alles, was sie interessierte, war mein goldener Stockzahn, der sich beim Singen blitzend zeigte.

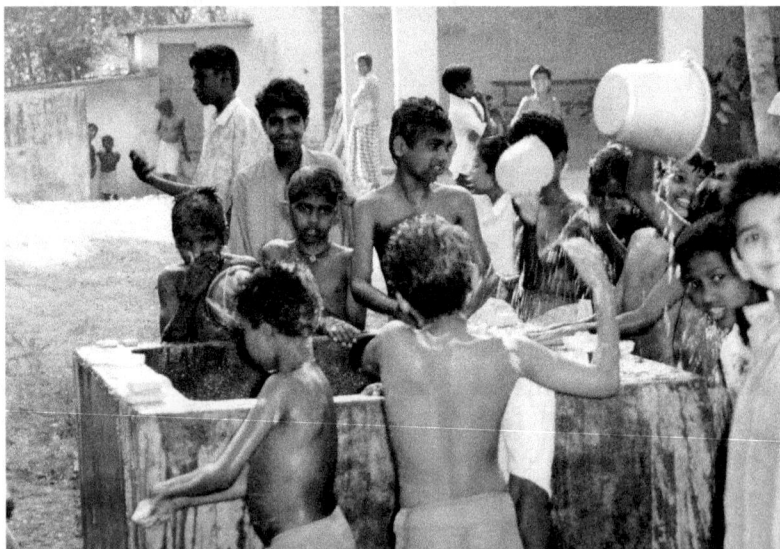

Morgentoilette im alten Waisenhaus

Die Brahmacharinis hatten viel zu tun und sich auch viel zu erzählen. Am ersten Abend legte ich mich früh und enttäuscht auf eine dünne, alte Strohmatte in einem winzigen Raum und versuchte, im Schlaf mein Elend zu vergessen. Derweil plauderten die Brahmacharinis noch munter im Esssaal und aßen die Reste

einer übrig gebliebenen Süßspeise. Ich erwachte, als in der Schlaf-
stätte das Licht angezündet wurde und alle Brahmacharinis flink
die verbliebenen Matten richteten, es sich bequem machten, ein
paar Nüsse knackten und bei Licht weiter schwatzten.

Ich lebte drei Tage lang als Unbrauchbare. Eigentlich waren alle
nett zu mir, aber die Sprachbarriere und die Verschiedenheit der
Kulturen machten mich zu einem unnützen Anhängsel und langsam
dämmerte mir, was Amma mit klein-machen meinte. Mein Ego war
dem Abenteuer einer solchen Reduktion auf keinen Fall gewachsen
und meine geniale Idee von Ferien vom Ashramleben wurde zum Flop.

Als dann in der dritten Nacht unverhofft ein Lastwagenfahrer
des Ashrams auf dem Weg nach Amritapuri auftauchte, um bei
uns etwas zu essen und sich vom extremen Regen, der seit Tagen

Bhajans im Sand

fiel, zu erholen, packte ich schnell meine Habseligkeiten und verschwand mit ihm im Führerstand.

Unser Heimweg glich eher einer Schifffahrt als einer Autoreise, aber der Fahrer steuerte unser Gefährt unfallfrei bis an die Backwaters. Um drei Uhr nachts weckten wir einen Fährmann, der uns über das reißende, über die Ufer tretende Wasser schiffen sollte. Wir wurden in der Dunkelheit von der Strömung abgetrieben und die beiden Männer bemühten sich gemeinsam beim Zurückstaken des Bootes an die Anlegestelle in der Nähe des Ashrams.

Durch den stillen Tempel schlich ich leise an meinen Schlafplatz. Ich hatte im Waisenhaus eine Lektion erhalten. Sie stammte aus dem Lehrbuch: A zero is a hero. Sei null Ego, dann bist du ein Held oder eben eine Heldin. Amma hat sich nie zu meinem Ausflug geäußert, aber ich denke, ich bin in dieser Prüfung wohl eher durchgefallen.

Am nächsten Tag war der Himmel wieder blau. Die extremen Regenfälle hatten die Backwaters verwandelt. Die Ufer wurden gereinigt, Sand und Steine von der Wasserkraft zu kleinen Inseln geformt. Lagunenartige Wasserläufe durchzogen das Flussbett.

Amma ruft zum Baden! Die Meldung verbreitete sich blitzschnell im Tempel. Nur Frauen dürfen dabei sein!

Über den sandigen Boden, vorbei an Kokospalmen erreichte ich das Wasser. Amma war schon da und mit ihr ein Dutzend westliche Frauen. Sie alle hatten ihren Sari abgelegt und den Unterrock über der Brust zusammengebunden. So sah der Vorläufer unseres heutigen Amritapuri-Schwimmkleides aus. Ich tat es ihnen gleich und sah, wie Amma mit einigen Frauen schon in der Mitte der Backwaters schwamm und spielte. Eine köstliche Leichtigkeit lag in der Luft und unser freudiges Lachen hallte übers Wasser, wie ein Dankgebet an Mutter Natur, die uns dieses einmalige Erlebnis geschenkt hatte.

Ich sog diese fröhliche Szene förmlich in mich auf. In ihrer Unbeschwertheit verblasste das Gefühl meiner Unzulänglichkeit im Waisenhaus. Erstaunt nahm ich wahr, dass dem salzigen Wasser der Backwaters durch den Regen Süßwasser zugefügt worden war, und glücklich schaute ich, auf einer Sandbank stehend, den Schwimmerinnen um Amma und den im blauen Himmel kreisenden Fischadlern zu.

Plötzlich wurde ich durch einen kraftvollen Impuls in höchste Wachsamkeit versetzt. Sofort richtete sich meine ganze Aufmerksamkeit auf Amma. Sie stand nun in der Mitte des Wassers auf steinigem Grund. Ihr Blick war brennend, erreichte mich, alarmierte und weitete mich und im selben Augenblick sah ich einen Menschen in einer Untiefe neben mir versinken. Ohne zu denken, stürzte ich an die Stelle, tauchte hinab, erfasste einen Arm und dann eine menschliche Gestalt, die ich an die Oberfläche hob. Dann war Amma bei uns und nahm eine kleine japanische Frau in ihre Arme.

Dass Amma ihr durch mich das Leben gerettet hatte, vernahm ich erst, als ich ihre Geschichte im Matruvani, unserem weltweit verschickten Ashrammagazin, las.

Tanzen mit den Kindern aus dem Waisenhaus

10

Akzeptiere beides, die Höhen UND die Tiefen des Lebens.
Dann wirst du glücklich sein und Frieden finden.

Amma

EIN NAME VON AMMA

Nach den ersten vier Monaten im Ashram musste ich an den Abschied denken.

Die Zeit mit Amma hatte mein Leben verändert. Zu Hause leitete ich neben meiner Tätigkeit als Bambusflötenlehrerin Kurse in Selbsterfahrung durch Musizieren auf rituellen Instrumenten und mit der eigenen Stimme. Ich hatte sie selbst entwickelt und arbeitete nun an einem Fortsetzungskurs, um noch mehr der unzähligen hilfreichen Möglichkeiten durch diese Arbeit auszuschöpfen.

Aber nun waren alle meine Wünsche auf diesem Gebiet verschwunden. Alles, was ich wollte, war, in Ammas Obhut und in ihrem indischen Ashram weiter zu wachsen. Ich hatte meine vorläufige Bestimmung gefunden. Amma war meine Meisterin und das nicht immer ganz leichte Ashramleben der alten Zeiten um 1990 war die ideale Gelegenheit, mich weiterentwickeln und entwirren zu lassen auf dem Weg zum Mysterium in meinem Herzen.

Die tiefe Verbundenheit mit Amma erlaubte mir, diesen Schritt aus der Sicherheit meines Lebens in der Schweiz, meiner Arbeit und vor allem aus dem Alltag mit meinen eben volljährig gewordenen Töchtern, die ich über alles liebte, zu planen. In mir war die unerschütterliche Gewissheit gewachsen, den richtigen Weg eingeschlagen zu haben. Ich wusste, dass für alle, die ich liebte, gesorgt sein würde, und vertraute den unermüdlich an mir webenden göttlichen Kräften.

Aber anstatt nur dankbar und glücklich zu sein über die wunderbare Fügung in meinem Leben, wollte ich mehr. Und dieses Mehr war ein spiritueller Name von Amma. Ich hatte entdeckt, dass einige westliche Ashrambewohnerinnen dieses Geschenk erhalten hatten, und stellte mir verblendeterweise vor, dass ein persönlicher Name von Amma meine Beziehung zu ihr noch intensiver gestalten und durch ihn auf jeden Fall eine Hotline Indien-Schweiz aufgebaut würde.

„Später.", sagte Amma zu mir, als ich ihr meinen Wunsch unterbreitete. Meine vielen Erwartungen mussten vor ihr wild in der Luft getanzt haben.

Ich war auf den Namen Anna Elisabeth getauft und wurde von meinen Eltern Annelies genannt. Mitte Dreißig wollte ich ganz bewusst mit meinem ersten Namen Anna gerufen werden. Die zwei Vokale A dieses Namens verbanden mich, die kein Erdzeichen im Horoskop hat, mit diesem Element und waren für mich das Symbol für einen festen Stand auf Mutter Erde.

Amma sollte natürlich wunschgemäß dieser Tatsache bei der Namensgebung Rechnung tragen. Auf keinen Fall kämen für mich Namen wie Amritapriya, Rema Devi oder Iswari in Frage. Ich wollte meinen kurzen Namen mit den zwei A und war derart unwissend und dreist im Platzieren meiner Wünsche, dass Amma mir Gelegenheit gab, noch weitere fünf Monate über Hingabe nachzudenken.

Als ich dann, ein halbes Jahr später, am Ende einer Devi-Bhava-Nacht, vor Amma kniete, um nun einen spirituellen Namen zu empfangen, glaubte ich von meinen Wünschen geläutert zu sein.

Ich sagte zu Swami Ramakrishnananda, ich wäre bereit, jeden Namen zu akzeptieren, den Amma für mich aussuchen würde, und lächelte offen, als sie mich lange betrachtete. Dann zog sie mich zu sich und flüsterte in mein Ohr: „Frafee, Frafee, Frafee." Der Klang dieser Worte hallte noch in meinem Ohr, als Amma sich erhob, an den Rand des inneren Kalitempels trat und zum eindringlichen Gesang der Swamis die Anwesenden mit einem Blütenregen segnete.

Hinter dem Vorhang des Seitentempels fragte mich Swami Ramakrishnananda: „Und, wie ist nun dein Name?" „Ich heiße Frafee", antwortete ich noch ganz benommen und hörte ihn lachend sagen: „Du heißt Prabha, das Leuchten des göttlichen Lichts. Frafee heißt es im Dialekt der Fischer hier auf der Landzunge Parayakadavu."

Prabha, sie hatte mich Prabha genannt, mit der Betonung auf dem letzten A. Amma hatte mich erhört, hatte meinen Wunsch erfüllt und mich mit dem kurzen Namen und den zwei Vokalen A glücklich gemacht. Ich maß diesem Geschenk so viel Bedeutung bei, als hätte ich mindestens eine Professur an einer Universität oder eine Weihe zur Priesterin erhalten. Was ich in meinem Freudentaumel noch nicht wusste, war, dass Amma mich mehr als ein Jahr lang nie bei meinem Namen nennen würde.

Meine Erwartungen waren immer noch da. Äußerlichkeiten und Stolz verbanden mich mit meinem indischen Namen, von dem ich irrtümlicherweise eher eine tiefere Verbindung zur Amma-Familie erwartete, als mich an seine innere Bedeutung zu erinnern. Ich ließ Stunden und Tage verstreichen, ohne mich in das Leuchten des göttlichen Lichts einzustimmen, an das mich der Name von Amma erinnern sollte.

Amma gab mir Zeit, viel Zeit, um Prabha, das Leuchten des inneren Lichts, in mein Leben zu integrieren. Monatelang ließ sie mich Erfahrungen sammeln über die nie enden wollenden Erwartungshaltungen eines Minds, der immerwährend denkt und sich ausdenkt, wie es wäre, wenn … oder im Fall, dass, … denn es könnte doch sein …

Während der ganzen Lehr- und Leidenszeit zum Thema Wünsche und Erwartungen war ich namenlos. Wenn Amma mich ansprach, war ich You, ansonsten zeigte sie auf mich oder blickte mich an.

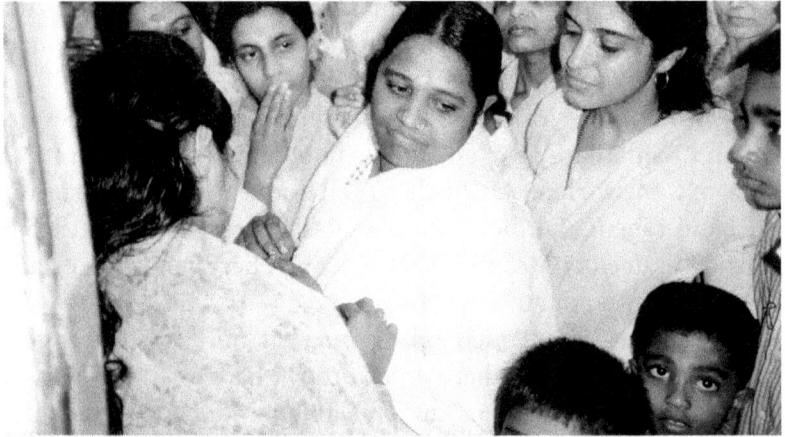

Amma fährt zu einem Programm in Trivandrum

Damals gab es nur wenige Ashrambewohner und wenn Amma mit dem Boot über die Backwaters fuhr, zu einem Hausbesuch etwa oder einem Programm in der Nähe, stellten wir uns an dem Weg zum Bootssteg auf, um sie zu verabschieden. Ich erinnere mich an solch einen Tag.

Das einfache Boot hatte am Ashram-Bootssteg angelegt, der Fährmann wartete auf Amma, während die Mitreisenden am gegenüberliegenden Ufer in unseren kleinen Bus stiegen. Wir Zurückbleibenden säumten den Weg, standen in einer Reihe unter den Palmen im Sand und sahen von weitem Amma herannahen. Wir erkannten sie sofort. Sie bewegte sich mühelos, von einer tragenden Kraft erfüllt, geerdet und doch den Boden kaum berührend.

Sie schenkte uns ihr Lächeln, zog jeden Anwesenden zu sich, atmete dabei leicht durch die Nase ein und machte dieses wunderbar intime Geräusch, das für uns ein Abschiedskuss war. An diesem Tag blieb sie vor uns Westlerinnen stehen, betrachtete uns und sagte der Reihe nach unsere Namen. Meine Erwartungen stiegen ins Unermessliche! Jetzt, jetzt müsste es geschehen, oh mein Gott, dies ist der Tag! Bei mir angelangt, sah mich Amma kurz an und fuhr bei der nächsten Person mit dem Benennen fort. Mir blieb der Atem weg!

Benommen stand ich da und sah Amma mühelos ins Boot steigen. Stehend ließ sie sich übers Wasser fahren, die lebendige Statue einer Göttin, die eins ist mit den Elementen. Mit ihr im Boot fuhr, so hoffe ich heute, eine große Portion meines Egos mit seinen falschen Erwartungen.

Ich blieb verletzt und gedemütigt zurück, war ihre Namenlose auf dem Weg zum Loslassen des Gespinstes, das ich um meinen Namen gewoben hatte. Einmal mehr wurde ich aufgefordert, mit dem tieferen Sinn meines Namens zu fließen, mit dem leuchtenden Glanz in der Maske der Form.

Warum konnte ich meine mit einem Namen verbundenen Gedanken nicht einfach beiseite schieben? Mich einfach nur beobachten und immer weiter vorstoßen zu dem, was ich in Wirklichkeit war? Es brauchte noch manchen schmerzhaften Moment bis zur Integration meines inneren Raums von Licht und Liebe, den meine anerzogenen und angenommenen Äußerlichkeiten verdeckten.

Ein Jahr später befand ich mich auf Europatour mit Amma. Vorher war ich noch in der Schweiz gewesen, um meine Habseligkeiten zu verschenken oder zu verkaufen. Die Wohnung mit der Einrichtung behielten meine Töchter, die Bücher wurden in die Bibliothek des Ashrams geschickt und mein persönlicher materieller Besitz hatte nun in einem großen, alten Überseekoffer Platz, den mir ein alter, reicher Mann einmal geschenkt hatte.

Ich war bereit für ein besitzloses Ashramleben, nur eines musste noch geklärt werden. Ich schrieb Amma einen Brief, den ich nie abschickte:

Liebe Amma
Ich werde in den Ashram ziehen, auch wenn Du mich nie beim Namen nennen solltest und vielleicht sogar vergessen haben solltest, welchen Namen Du mir an einem Devi-Bhava-Abend geschenkt hast. Ich werde mein Namenlos-Sein nicht mehr als Demütigung und Ausgrenzung ansehen und es wird mich nicht davon abhalten, bei Dir in Indien zu leben.

Vor meiner Abreise zerriss ich den Brief und bestieg den Zug nach Zürich zu Ammas Programm. Am dritten Morgen kniete ich neben ihr und half den Menschen in ihren Schoß. Es waren nur noch wenige Leute in der Menschenschlange, die zu Amma führte, als ich plötzlich ganz leise „Prabha" vernahm. Es war so überraschend, so unwirklich, dass ich nicht wusste, ob ich richtig gehört hatte oder etwas interpretierte. Ich ging meiner Arbeit weiter nach und da war es wieder, das leise „Prabha". Schnell schaute ich zu Amma. War sie es? Nein, sie konnte es nicht gewesen sein. Innig hielt sie eine letzte Besucherin in den Armen.

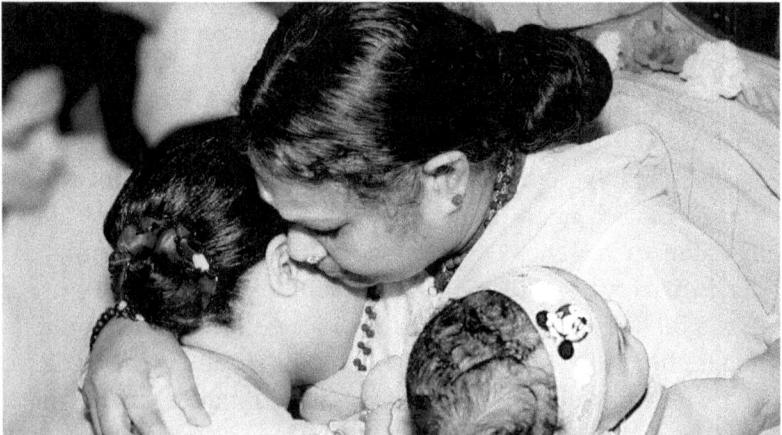

Als niemand mehr vor ihr kniete, forderte Amma mich zum Darshan auf. „Prabha", flüsterte sie in mein Ohr, „Prabha." Augenblicklich wurde ich von allen Geschichten um meinen Namen erlöst und tief aus mir fand ein befreiendes Lachen seinen Weg in mein Gesicht. Überrascht und überrumpelt schaute ich Amma zu, die immer wieder meinen Namen flüsterte.

Ihre Stimme wurde lauter, ihre Hände zeichneten einen großen Lichtbogen über mich in die Luft. Die Menschen im Saal horchten auf, lachten und freuten sich am Spektakel. Zuletzt hielt mich Amma so vor sich, wie man ein kleines Kind hält, und rief spielerisch immer wieder: „Prapraprabha, prapraprabha, prapraprabha", dabei schüttelte sie mich, als wäre ich ein kleines Baby und sie die Mutter, die mit ihm spielt.

Als ich später noch immer lachend im Saal aufräumte, dämmerte in mir die Gewissheit auf, dass Amma die ganze Zeit mit mir ein Spiel gespielt hatte. Wochen-, monate-, fast jahrelang hatte sie dieses Versteckspiel um meinen Namen inszeniert, genau so lang wie ich brauchte, um mir bewusst zu werden, um was es bei ihrer Schulung geht.

Meine Liebe und Aufmerksamkeit sollten sich auf das Ziel richten, in Verbundenheit mit dem großen Ganzen zu leben und nicht darauf, den für mich möglichst besten Namen von Amma zu tragen.

Die Namensgeschichte verhalf mir zu Wachstum und Bewusstwerdung und ich erinnere mich auch heute an Ammas grundlegende Worte: „Verbinde dich jeden Tag mit dem Göttlichen und lass dies das Wichtigste des Tages sein."

Besucher haben Amma als Radha geschmückt

11

Göttliche Mutter,
Die Erde – dein Schoß,
Der Sternenhimmel – dein Kleid,
Der Wind ist dein Atem,
Feuer verzehrt mein Herz.

Sternenmutter,
Du zeigst meine Nacht,
Dein Mond scheint hell auf meine Wunden.
Mein Ruf der Einsamkeit
Verhallt im Dunkel.

Sonnenmutter!
Komm! Verwandle meine Wüste
In ein blühendes Weizenfeld.
Lass mich Brot backen
Aus dem Korn deiner Liebe!

Prabha

12

DIE KÖCHIN

Komm, zeig mir das Strickmuster aus deinem Garn,
Damit ich das Hemd der Befreiung stricke.
Und sag' mir, wie gelangt ein Mensch ohne Panzer
durch einen Dornenwall?

Prabha

Vom Seva des Gemüseschneidens stieg ich eines Tages auf zur
Suppenköchin. Meine Küche befand sich im Sand eines Hofes
hinter dem kleinen Tempel und war ein hervorragendes Übungsfeld für spirituelles Hürdentraining.

Die Küche mit Unterstand für Holz und Regentage

Ich war ganz auf Self-made-Woman eingestellt, aber das natürlich nur vordergründig. Denn Ammas Sankalpa, ihre liebende Unterstützung, floss hundertprozentig in meine Kochkünste ein und erlaubte mir, ganz in Ammas Sinn, ohne Verschwendung zu kochen. Dank ihr wurde meine Suppe jedes Mal essbar und während sie aus den Zutaten, die ich zur Verfügung hatte, entstand, erlebte ich viele lehrreiche, nachdenkliche und verzweifelte Momente, die mein Ego bedrängten und ummodellierten.

Reissuppe und Tee kochen auf der Nordindienreise

Am Anfang meiner Karriere kochte ich für siebzehn westliche Ashramgäste, jeweils an zwei Tagen in der Woche. Die feine und gesunde Suppe wurde nach den Bhajans auf der Galerie des Kalitempels verkauft und ich wage zu sagen: Sie war die Vorläuferin der Spezialitäten im heutigen westlichen Café.

Mutig baute ich jeweils dienstags und freitags meinen Kochherd im sandigen Boden des Hofs auf, wissend, dass er am nächsten Tag wie durch Zauberhand wieder verschwunden sein würde. Ich ging diesem ‚Zauber' nie nach und baute voller Hoffnung für gutes Gelingen und mit einem Gebet für Gelassenheit jedes Mal eine neue Feuerstelle, indem ich eine runde Vertiefung in den Sand grub und drei Backsteine im Kreis darum setzte. Sie waren dazu bestimmt, das krugähnliche Kochgefäß über dem Feuer zu halten.

Ich hatte freie Hand in der Wahl des Gemüses, liebte meine schöpferische Arbeit, die viele Überraschungen barg, und begab mich immer schon nach dem Mittagessen zum Regal mit den Vorräten, um Brauchbares für eine gute Suppe auszusuchen.

Meine Arbeit beschenkte mich mit den Komplimenten der Gäste, aber gleichzeitig war ich ein Eindringling in die Welt der indischen Ashram Köchinnen.

Still schauten sie zu, wie ich jedes Mal einen Kochtopf suchte, die Ziegelsteine wieder zusammentrug und das schlechte Brennholz zerkleinerte. Ich machte für mein Leben gern Feuer, kannte das Brennholz der Schweiz, aber war vollkommen unwissend, was das Holz der Kokospalme und der anderen indischen Hölzer, die mir zur Verfügung standen, betraf.

Da gab es Holz, das rasch verbrannte. Dann tanzten große Flammen um meinen Kochtopf und ließen mein Köchinnenherz höherschlagen, bis ich die Erfahrung machte, dass so ein Feuer zwar imposant war, aber keine Wärme abgab. Andere Holzstücke sahen brauchbar aus, aber trotz all meiner Kunstgriffe war es nicht möglich, sie zum Brennen zu bewegen. Darum arbeitete, zerkleinerte und schichtete ich jedes Mal unentwegt Brennbares und wünschte mir nichts sehnlicher, als ein leises Brodeln im Suppentopf zu entdecken.

Oft brach die Dunkelheit über meine Küche herein, aus dem Tempel erklangen die Bhajans und Ammas Stimme fand ihren Weg zu mir in den Sand. Sie wärmte mein Herz, gab mir die Kraft weiterzumachen, mit der Taschenlampe tief in den Suppentopf zu leuchten und mich zu verbinden mit dem Raum in mir, der weit war und mir zu Geduld verhalf.

Als Kind liebte ich Märchen über alles, las immer wieder dieselben Erzählungen von den Höhen und Tiefen des Lebens und mich faszinierten die Prüfungen, welche die Figuren bestehen mussten. Der tiefere Sinn der Märchen war immer der Sieg des Guten über die Mächte des Bösen und ich musste mich nun, als erwachsene Frau, mit dieser Wahrheit identifiziert haben. Ich nahm mich wahr als Köchin, die Prüfungen zu bestehen hatte, um den Diamanten in ihrem Herzen zu finden. Ich zweifelte nie daran, dass Amma meine Erlebnisse ganz genau kannte und orchestrierte und stand innerlich in enger Verbindung mit ihr.

Manchmal erschien sie unverhofft auf der Galerie des Kalitempels, wo die Suppe angeboten wurde, setzte sich zur Gruppe der Essenden, ließ sich ein paar Löffel Suppe in einen der Blechteller geben, kostete, legte mir nahe, nichts zu verschwenden und nur wenig Abfall zu machen, oder wies mich an, mit dem Salz sparsam umzugehen, weil es der Gesundheit schade. Es war reine Freude, Amma so nah und in dieser freundschaftlichen Stimmung zu erleben.

Eines Abends verriet mir Amma auch, dass ich in naher Zukunft für über hundert Menschen kochen würde. Ungläubig saß ich neben ihr und lächelte verlegen. In Gedanken sah ich mich sofort vor einem riesigen Feuer kauern und mit der Taschenlampe in einen überdimensionierten Suppentopf leuchten.

Was ich damals noch nicht ahnte, war, dass Amma eine neue Küche plante und ich schon bald an einer kunstvoll gemauerten Feuerstelle stehen würde und mich um Frühstück und Abendessen der kleinen, improvisierten Essensausgabe für Menschen aus dem Westen kümmern würde.

Aber nun zurück in den Hof und zu den Inderinnen, die ich gern mochte. Sie gaben mir das Gefühl, in der fremden Kultur doch ein wenig integriert zu sein, und zwischen uns wuchs langsam eine Art kulturübergreifende, freundschaftliche Arbeitsgemeinschaft, was zur Folge hatte, dass ich die verschiedenen

Hof mit meiner Küche

Brennwerte einer Kokospalme kennenlernte, und mir meine Schwestern während der Arbeit das nötigste ‚Küchenmalayalam‘ beibrachte.

Ich fühlte mich jetzt aufgenommen in den Kreislauf unserer indischen Küche und es gab diese kostbaren Momente der Zugehörigkeit, die mein erstrebenswertes Ziel, das Gefühl, beliebt zu sein, nährten.

Beliebt sein zu müssen hatte sich bereits in meiner frühen Kindheit durch meine Großmutter aufgebaut und auch in meiner Familie wurde mir beliebt zu sein als wichtige Voraussetzung für das Leben anerzogen. Dies führte dazu, dass ich beliebt sein mit geliebt sein verwechselte. Ersteres wurde für mich zur erstrebenswerten Lebensgrundlage, weil mir eine echte Erfahrung des zweiten fehlte.

Dass das Beliebtsein auf einem wackeligen, immer von außen gesteuerten, jederzeit zu manipulierenden Fundament steht und von einem Moment auf den anderen zusammenfallen kann, zeigte mir Amma eines Tages sehr deutlich.

Ich hatte die Anweisung erhalten, die nicht verkaufte Suppe in den Esssaal der Brahmacharis, der Mönche, zu bringen. Dort wurde sie so quasi zum Dessert einiger weniger. Alle liebten meine Suppe und freuten sich über die Abwechslung vom Kanji, ihrer allabendlichen Reissuppe. Ich erntete oft Komplimente und Schmeicheleien, mein Barometer in Sachen Beliebtheit stieg und verführte mich zu Unehrlichkeit.

Eines Suppentages beschloss ich, ca. 200 g mehr Inhalt aufs Feuer zu stellen, und natürlich blieb, wie erhofft, nach dem Essen auf der Galerie ein stolzer Rest im Suppentopf übrig. Freudig betrat ich mit meinem manipulierten Geschenk den Esssaal der Mönche. Heute hatte ich ihnen einiges zu bieten und sie sollten mich belohnen mit ihrer Aufmerksamkeit und Bestätigung.

Aber leider ging meine Rechnung nicht auf. Amma erwartete mich bereits, stand mitten im Raum und sah für mich, die verdutzt und entlarvt stehenblieb, viel größer aus, als sie in Wirklichkeit war. Etwa so, wie die Richterin des letzten Gerichts am Portal der Kathedrale meiner Heimatstadt.

Sie streckte ihre Hände mit einer für sie typischen, ganzheitlichen Bewegung meinem Suppentopf entgegen, nahm ihn mir aus den Armen und inspizierte schnell den Inhalt. Dann fragte sie nach dem Schöpflöffel, der damals aus der Schale einer Kokosnuss gefertigt war, und verteilte die Suppe wie eine liebende Mutter gerecht unter den Anwesenden. Freude breitete sich auf allen Gesichtern aus, nicht nur wegen des kulinarischen Extras, auch wegen des Servicepersonals, und während alle zufrieden genossen, gab mir Amma den leeren Topf zurück. Leise und ohne mich bloßzustellen, legte sie mir ans Herz, meine Kochkünste nur westlichen Besuchern vorzuführen und den Suppenstand im Kochtopf immer an ihrer Zahl zu messen. Ich schlich ertappt davon.

Erst viel später, nach vielen Augen öffnenden Erfahrungen löschte sich langsam das Beliebtheitsprogramm in mir und zeigte sich die Tatsache, wie fragil Beliebtheit ist. Ein Wort, eine Handlung, manchmal nur eine falsche Bewegung kann sie zunichtemachen. Wer auf ihrem Grund baut, wird nie Ruhe und Frieden finden. Nur wenn auch Geliebtsein vorhanden ist, sind echter

Austausch und wahre Nähe möglich und wird eine Begegnung von Mensch zu Mensch von der wärmenden Kraft der Liebe getragen. Herzensliebe ist die Schwingung, in der Schwierigkeiten, Auseinandersetzungen, Missverständnisse und Tiefgänge ausgetragen und bereinigt werden können. Nur wenn wir Menschen von wahrer Liebe berührt sind, können wir zu mehr Offenheit und Wachstum finden. Dann wird sich unser Herz öffnen wie eine Blume, die im strahlenden Licht der Morgensonne leuchtet.

13

Das Märchen vom Bambus

In meiner Zeit als Bambusflötenbauerin verspürte ich immer wieder den Wunsch, selber zur Flöte zu werden, zu einem leeren Rohr, durch welches das Göttliche sein Lied in die Welt singen würde.

Aber erst das Märchen vom Bambus zeigte mir, wie unbewusst ich mit dem Schmerz auf diesem Weg – von der Zeit in die Zeitlosigkeit – umgegangen war, wie sehr ich ihn verdrängte und nur die eine, eben märchenhafte Seite eines solchen Wachstumsprozesses eingeblendet hatte. Meine Tränen flossen still aus Dankbarkeit und Schmerz.

In leicht abgeänderter Form teile ich hier dieses Märchen, das kein Märchen ist, mit euch.

Es war einmal ein wunderschöner Garten mitten auf dem Planeten Erde. Dort pflegte die Mutter des Universums spazieren zu gehen. Ein edler Bambus war ihr der liebste von allen Gewächsen und Bäumen im Garten.

Jahr für Jahr wuchs dieser Bambus zu voller Schönheit heran, wurde immer größer und anmutiger. Eines Tages näherte sich die göttliche Mutter nachdenklich ihrem geliebten Bambus und in einem Gefühl großer Verehrung neigte sich dieser zur Erde.

Die göttliche Mutter umfing ihn und sprach zu ihm: „Lieber Bambus, ich brauche dich.“

Es schien, als sei der Tag aller Tage gekommen, der Tag, für den der Bambus geschaffen worden war, und er antwortete leise: „Mutter, ich bin bereit, gebrauche mich nach deinem Willen."

„Bambus", sprach die göttliche Mutter, „um dich zu gebrauchen, muss ich dich schneiden."

„Mich schneiden? Mich, den du, Mutter, zum Schönsten im Garten gemacht hast? Nein, das nicht, bitte nicht! Verwende mich doch zu deiner Freude, Mutter, aber bitte schneide mich nicht!"

„Mein geliebter Bambus", sagte die göttliche Mutter ernst, „wenn ich dich nicht schneide, kann ich dich nicht gebrauchen."

Im Garten wurde es ganz still. Der Wind hielt den Atem an. Langsam beugte sich der Bambus. Dann flüsterte er: „Mutter, wenn du mich nicht gebrauchen kannst, ohne mich zu schneiden, dann – schneide mich."

„Mein geliebter Bambus, ich muss dir aber auch deine Blätter und Zweige abschneiden."

„Oh nein, zerstöre meine Schönheit nicht, lass mir doch bitte meine Blätter und Zweige."

Da antwortete die Mutter des Gartens: „Bambus, wenn ich sie dir nicht abschneide, dann kann ich dich nicht gebrauchen."

Die Sonne versteckte ihr Gesicht. Ein Schmetterling flog ängstlich davon und der Bambus, zitternd vor dem, was ihm bevorstand, sagte leise: „Mutter, schlage sie ab."

„Mein Bambus, ich muss dir noch mehr antun. Ich muss deinen Stamm teilen. Wenn ich das nicht tue, dann kann ich dich nicht gebrauchen."

Da neigte sich der Bambus still zur Erde und sagte: „Bitte, schneide und teile."

Nun streifte die göttliche Mutter dem Bambus die Blätter ab, teilte ihn in zwei Teile, drang ihm bis ins Mark. Sie hielt ihn in ihren liebenden Armen und trug ihn bis zur Quelle, wo frisches, sprudelndes Wasser entsprang. Dort legte sie ihn vorsichtig auf den Boden, verband sein eines Ende mit der Quelle und führte das andere auf das nahe Feld, auf dem die Ernte nach Wasser dürstete.

Die Quelle sang ein Willkommen und das klare, glitzernde Nass schoss freudig durch den Kanal, zu dem der Körper des Bambus geworden war, auf die dürren Felder, die so sehr auf Wasser gewartet hatten.

Mittagsrast auf der Nordindienreise

So wurde der Bambus zum großen Segen. Als er noch groß und schön war, wuchs er nur für sich selbst. Aber als er sich hingegeben hatte, wurde er zu einem Werkzeug der göttlichen Mutter, die ihn brauchte, um ihr Land fruchtbar zu machen.

14

SEVA UND SAMADHI

Du .... Abendwind, der die Palmen streichelt,
Deine Stimme flüstert zärtlich im zitternden Blattwerk.
Deine unsichtbare Hand führt die Vögel heim in ihr Nest und
Lässt den Vorhang der Nacht über die Welt fallen.
Ich schaue zu und bin allein.
Weißt Du, dass ich mich nach einer Berührung sehne?
Du singst in meinem Herzen und ich höre Dich nicht.
Wie soll ich tanzen, wenn die Liebe fern ist?
Siehst Du mich, wenn Du an mir vorübergehst, ohne zu schauen?
Der Saum Deines Kleides liebkost die Erde.
Lass mich ein Tropfen Wasser sein, den Du trinkst,
Ein Sandkorn auf Deinem Fuß.

Prabha

Im Kali-Tempel hängt auch heute noch eine große gusseiserne Glocke, deren durchdringender Ruf durch den Ashram hallt, wenn Amma zum Darshan kommt, wenn ein Unterricht beginnt und während des Arati-Singens. Auch ruft sie zum morgendlichen Archana und ersetzt dabei die Arbeit des Mönchs, der früher jeden Morgen nach halb fünf Uhr präzise an jede Türe des Tempels klopfte und ein lautes Om namah Shivaya ertönen ließ.

Meine erste Begegnung mit der Tempelglocke fand in einer meiner ersten Nächte in Amritapuri statt. Sie erklang in der kühlen Zeit um Mitternacht und riss mich aus tiefem Schlaf. Ich öffnete die Tür meines Zimmerchens auf der Galerie, das ich mit einer anderen Besucherin teilte, und sah über das metallene Geländer hinunter in den leeren Raum des Kali-Tempels. „Amma is calling for brickseva" (Amma ruft zum Bausteine-Tragen), rief eine laute Männerstimme und ich sah, mich weit über das Geländer im ersten Stock hinaus lehnend, eine Gestalt im weißen Dhoti eilig am hinteren Ausgang des sich noch im Bau befindenden Tempels verschwinden.

Ich musste mich erst einmal am kühlen weißen Metall festhalten, um richtig aufzuwachen, strich mit dem Finger leicht über das kunstvoll geschmiedete Geländer, das in der vorangegangenen Nacht Schauplatz meines ersten Traums in Indien gewesen war.

In der Traumgeschichte lag ich auf diesem Geländer und neben mir stand Amma. Sie hatte mich im Traum auf das Geländer gelegt und nun ruhte meine ganze Wirbelsäule auf dem schmalen metallenen Handlauf. Neben mir stehend drückte sie

Ganz rechts sitzt Amma im Kalitempel an einem Dienstag

mit dem Zeigefinger leicht auf meinen ausbalancierten Körper, so dass sich dieser nach unten zum roten Boden des Balkons zu neigen begann. Als sie den Druck verminderte und dabei ihren Finger leicht verschob, schaukelte mein Körper mühelos zurück in die Mitte, um sich wie ein Pendel auf die andere Seite zu neigen, und ich jetzt über dem Abgrund zum Tempelboden schwebte. Es war ein gefährliches Spiel, aber Amma beherrschte es meisterhaft. Sobald ich auf die eine oder andere Seite abzustürzen drohte, intensivierte und verlagerte sie im richtigen Moment Druck und Position ihres Fingers, um mich zurückzuholen in meine vom Geländer getragene Wirbelsäulenmitte.

Die intensive Hingabe und das unerschütterliche Vertrauen, das ich Amma im Traum entgegenbrachte, sind mir noch heute lebhaft in Erinnerung. Ich lag in ihrer Hand ohne die kleinste Regung von Angst und erlebte eine Hingabe, die ich aus dem Wachzustand nicht kannte.

Aber jetzt wollte ich dem Ruf zum Backstein-Seva folgen und verließ den Tempel durch dieselbe Tür wie der Mönch. Mein Blick fiel in Ammas kleinen Hof, ein quadratisches Stück Sandboden. Die Umrandung aus roten Backsteinen war an einer Stelle weggenommen worden und ein kurzes Brett führte über das schmale Wasser, das die Teiche um den Ashram herum verband. Dort, mitten im Palmenwald, reichten sich viele Menschen in stiller Arbeit Backsteine weiter, transportierten fleißig in einer langen Menschenschlange das für den Tempelbau benötigte Material von Hand zu Hand. Die Reihe der unermüdlich Arbeitenden führte von der Straße am Meer durch den Palmenwald bis hin zum Tempel, der zu dieser Zeit noch von keiner Straße erschlossen war. In der Menschenschlange standen neben Ashramiten auch viele Besucher und Nachbarn des Ashrams. Am obersten Ende neben dem Wasser arbeitete Amma wie alle anderen. Kraftvoll und das ganze Geschehen kontrollierend ließ sie die Ziegelsteine schnell durch die Hände gleiten und gab ihnen so einen kurzen Darshan. Schlaftrunken konnte ich mir nichts Anderes vorstellen, als direkt neben Amma zu stehen. Sie ließ mich gewähren,

empfing die Backsteine aus meinen Händen und ließ mich eintauchen in die einzigartige Atmosphäre der nächtlichen Ashram-
arbeit. Die Luft war kühl, die Wellen des nahen Meeres schlugen
donnernd an den Strand und ein sternenübersäter Nachthimmel
leuchtete zwischen schwarzen Palmen.

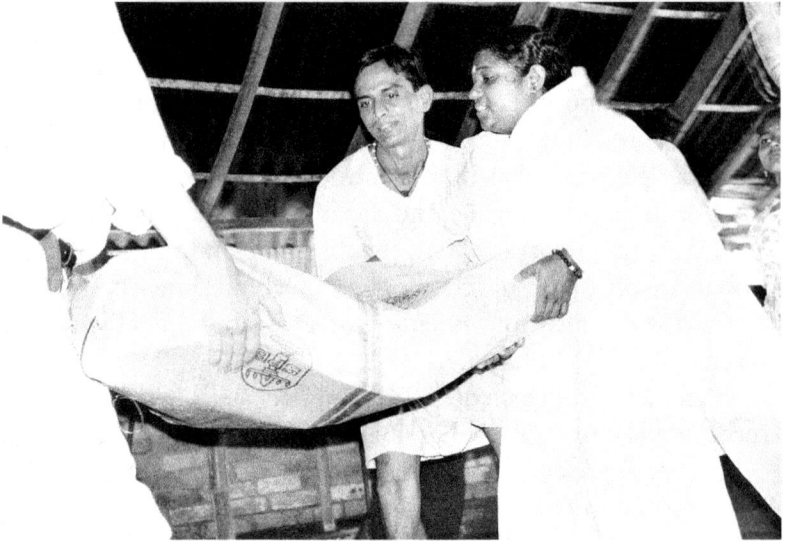

Papier für unsere Druckerei

Ich war im Paradies, ließ Stein um Stein durch meine Hände
in Ammas Hände gleiten und vergaß dabei meinen Körper und
seine Grenzen völlig. Erst als ich von einem Botengang zurück-
kehrend fast vom kleinen Brett ins Wasser fiel und schwankend
nach Gleichgewicht rang, wurde ich meiner Erschöpfung gewahr.
„Ayioo, you sit", rief Amma sofort, nahm mich an der Hand, führte
mich an den Fuß einer Palme und befahl mir, mich hinzusetzen.

Fasziniert schaute ich von da aus Amma zu. Ich saß am kost-
barsten Platz im Universum und sah staunend die kleine, weiße
Gestalt der göttlichen Mutter mit flinker Bewegung die ziegelroten
Steine weiterreichen, nahm wahr, wie jede ihrer Bewegungen
mühelos aus einer unsichtbaren Mitte heraus geschah, hörte sie

lachen, Anweisungen geben, zu Vorsicht und Konzentration mahnen und das alles in überschäumender Freude. Von ihr ging eine pulsierende Kraft aus, die sich auf alle Anwesenden zu übertragen schien und dieses Arbeiten in der nächtlichen Stille zur heiligen Mithilfe am Tempelbau machte.

Nach getaner Arbeit saßen wir alle im kleinen Hof. Amma verteilte aus einer großen Schüssel Bananenchips an jeden Anwesenden und später auch kleine Becher mit leichtem Kaffee.

Dieses zweite Geschenk aus Ammas Hand ging spurlos an mir vorüber. Ich saß im warmen Sand, mein Kopf hatte sich auf meine Brust gesenkt und ich schlief einen glücklichen, traumlosen Schlaf.

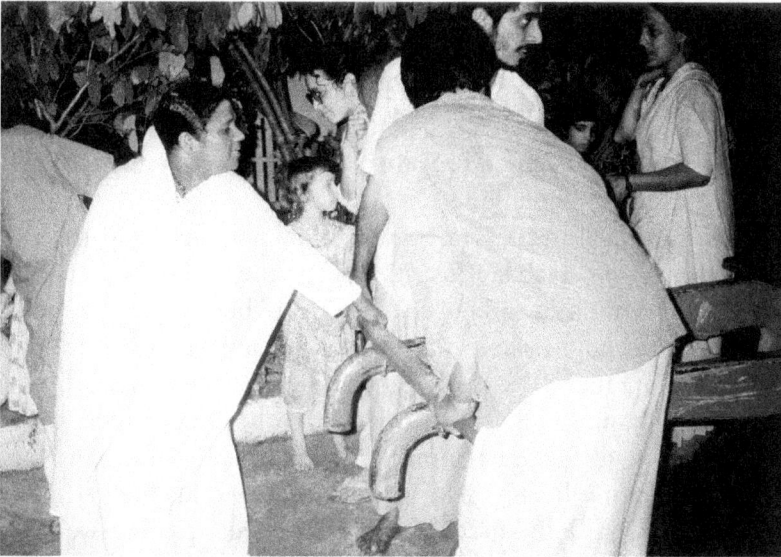

Fortan war ich dabei, wenn die Glocke in der Nacht zum Seva rief. Ich liebte das stille, aufmerksame Gehen bei der Arbeit im Palmenwald. Das Rezitieren meines Mantras versetzte mich nach und nach in eine wunderbare Leichtigkeit und ich lernte, ausgewogener mit meiner Kraft umzugehen.

In einer für mich ganz besonderen Nacht, in der wir lange gearbeitet hatten, rief uns Amma in den kleinen Hof, der ihr

Garten war. Der Himmel war voller Sterne und ein kühler Wind strich mir vom Meer her durchs Haar. Amma saß mitten im Hof auf einem Bett, lachte und alberte mit ihrem Kissen herum, schüttelte es, warf es in die Luft, streckte die Hände nach ihm aus, um es schnell und spielerisch wie ein Kind wieder aufzufangen, oder legte es sich wie einen Hut auf den Kopf.

Und dann sang Amma. Sie sang für uns alle, sang für den Mond und die Sterne und alle Lebewesen dieser Erde. Der Nachtwind trug ihre Stimme ins Universum und gleichzeitig tief in mein Herz. Nach einem Lied, das der Sehnsucht nach dem Göttlichen in ganz besonders flehender Weise Ausdruck gab, ging Amma in Samadhi und die Welt war Stille und Frieden.

Wir wussten, dass wir nun gehen mussten, geräuschlos und ohne Amma zu berühren. Wie die anderen stand auch ich auf und wollte gehen, aber als mein Blick Amma nochmals streifte, sah ich einen hellen Lichtstrahl von ihr ausgehen. Sein Glanz zeichnete eine leuchtende Spur in den Sand. Sie endete bei mir und berührte meine Füße.

Eine unglaubliche Kraft bemächtigte sich meines Körpers. In ihrer Energie fiel ich lautlos auf meine Knie, um mich in diesem Licht vor Amma zu verbeugen. Amma saß bewegungslos und ihr kleiner Fuß zeigte sich an der Bettkante. Langsam und sanft hob die Kraft meinen Oberkörper hoch und legte meinen Kopf behutsam auf Ammas Fuß. Ich hatte die Kontrolle über meinen Körper aufgegeben, aber meine Sinne waren hellwach und ich empfand eine unbeschreibliche Liebe und Zärtlichkeit, als meine Lippen sachte Ammas Fuß küssten. Mein Leben war zeitlos geworden.

Die Kraft bewegte meinen Körper noch einmal in eine Verbeugung, um mich dann aufzuheben und auf meine Füße zu stellen. Wie im Traum betrachtete ich verwundert die unbewegliche Amma und sah, dass der Lichtstrahl verschwunden war. Langsam verließ ich den Hof und ging durch den Tempel in mein Zimmer.

Ich fand keinen Schlaf in dieser Nacht. Eine schmerzerfüllte Sehnsucht durchflutete mein ganzes Sein. Nach Linderung suchend ging ich frühmorgens in die Küche zum Gemüseschneiden und hoffte, die Arbeit würde mir helfen, das Mysterium der letzten Nacht einzuordnen. Jedoch das Gegenteil geschah und meine Sehnsucht wuchs und trieb mich ruhelos durch den Ashram.

Amma gab Darshan in der Hütte, aber es war ein Devi-Bhava-Tag und wir Bewohner sollten uns im Hintergrund halten, um den auswärtigen Besuchern Platz zu machen. Ich suchte die Backwaters am anderen Ende des Ashrams auf, um etwas innere Ruhe zu finden, aber auch das änderte nichts an meinem Zustand und mit einem Mal wusste ich, dass Amma mich rief.

Meine schnellen Schritte trugen mich zur Darshan-Hütte. Ich war mir nun ganz sicher, dass Amma mich sehen wollte, und betrat ohne Angst den Raum, um mir einen Weg durch die dicht beieinandersitzenden Menschen zu bahnen. Als Amma mich sah, winkte sie mich zu sich und legte meinen Kopf auf ihren Schoß. Ich war angekommen am Ort, wo in inniger Verbindung mit ihr mein emotionales Durcheinander sein Ende fand.

Später wies mich Amma an, ihr mit einem Fächer aus Palm-blättern Luft zuzufächeln. Ich stand mehrere Stunden hinter dem Peetham, auf dem sie saß, nahm aus nächster Nähe Hunderte indische Gesichter wahr, die sich Amma zuwandten: bittende, ver-zweifelte, lachende, glückliche, traurige, vom Leben gezeichnete und aufs Leben neugierige Gesichter von Menschen, die Ammas Hilfe, ihre mütterliche Nähe und Liebe suchten.

Mir wurde die Zeit gegeben zu beobachten, wie sich mein Bewusstseinszustand langsam veränderte. Ich gewahrte, wie mich mein normales Alltagsbewusstsein mit seinen Wertungen und persönlichen Ansichten langsam aus dem Zustand des in Liebe aufgeblüht seins herausholte.

Das Pendel meiner Mind-Uhr hatte mich wieder im Griff, pendelte von heiter zu bewölkt, von Sonnenschein zu Regen und von Glück zu Traurigkeit. Es pendelte von Erfüllung zu Bedürf-tigkeit und von Vergangenheit in die Zukunft, viele Stunden und Tage lang und pendelt so auch heute noch, um ab und zu diesen Sternstunden Raum zu geben, in denen ich seiner Bewegung entschlüpfe, um in Zeitlosigkeit einzutauchen.

*Du ziehst mich sanft in Deinen Schoß und meine
Welt versinkt in Deiner Liebe.*

*Mein Winterherz verwandelt sich in einen Blumengarten
und meine Seele singt.*

*Sie schwingt sich auf im Feuer Deines Rufs zum innern Quell,
der Frieden ist und Liebe, Glückseligkeit
und Heimgekommensein.*

Prabha

15

DER RUCKSACK

Keine Reisetasche auf dem Weg,
Nur ein Hafersäcklein.
Und dann
Nichts mehr.
In der Stille werden sich
Gott und Gott
in Deinem Herzen begegnen.

Prabha

Der Eingang zu meiner Hütte – mit Türe

Still fand ich mich in der Darshan-Hütte ein, um eine letzte
Umarmung von Amma zu erhalten, bevor sie nach Australien
abreiste. Ich hatte vor, mit den Brahmacharis und Brahmacharinis
im verwaisten Ashram zurückzubleiben, mit dem Privileg, mich
Ammas Gruppe später, auf der Weiterreise nach La Réunion und
Mauritius in Singapur anzuschließen.

Eine mit Traurigkeit erfüllte Stimmung herrschte im Däm-
merlicht der langgezogenen Hütte auf dem sandigen Grund. Keine
Musik, keine Lieder.

Im Dunkel der schnell hereinbrechenden Nacht betrachtete
ich die Bilder der Heiligen, die an den durchbrochenen Wänden
aus Holz und Palmblättern hingen, rückte langsam zu Amma vor,
nahm Abschied in ihren Armen und erhielt ihren Segen. Amma
betrachtete mich sorgenvoll, als ich nach dem Darshan vor ihr
kniete und umarmte mich lange ein zweites Mal.

Dann legte ich mich auf dem Boden in meiner erst am Vortag
bezogenen neuen Hütte schlafen. Sie hatte noch keine Tür und
ich sah die Lichter von Taschenlampen im Palmenwald, der sich
bis zur Straße am Meer hinzog. Dort suchten sich Amma und
die Swamis ihren Weg durch Sand und Gestrüpp zum Wagen,
der sie zum Flughafen bringen sollte. Ich sah seine Scheinwerfer
zwischen den Palmen leuchten, hörte den Motor aufheulen und
dann waren sie fort.

Ich vernahm das Rauschen und Tosen der sich am Strand
brechenden Wellen, sah das Licht unzähliger Leuchtkäferchen in
der Dunkelheit blinken und schlief dann auf der dünnen Matte
in meinem neuen Zuhause ein.

Wir hatten den Grund, auf dem die Hütte stand, erst kürzlich
dem Wasser abgerungen und in nächtlicher Arbeit Teile eines
kleinen Teichs mit Sand aufgefüllt. Ich war die erste Bewohnerin
dieses auf einem Zementsockel aufgebauten traditionellen Hauses
mit drei Räumen aus geflochtenen Palmblättern und bewohnte
das dem Wasser am nächsten gelegene kleine Eckzimmer.

Am nächsten Morgen erwachte ich mit hohem Fieber. Ich war
allein. Die indischen Mädchen hatten die zwei Nachbarzimmer in

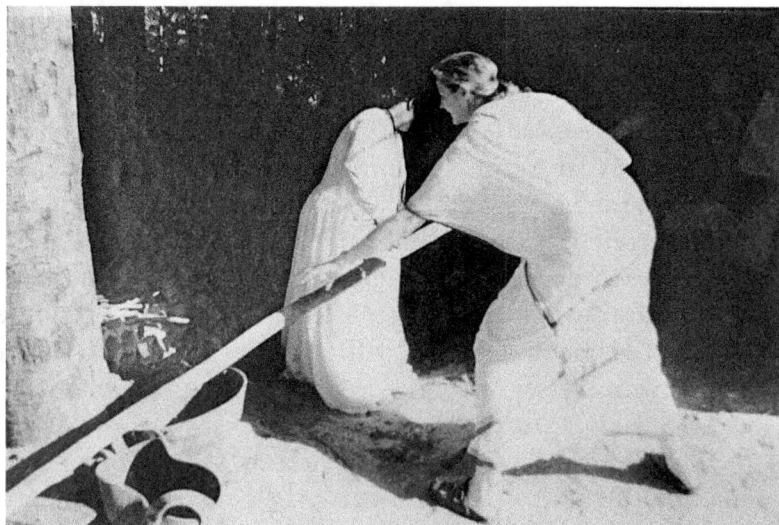

Amma und ich bei der Arbeit

der luftigen Unterkunft noch nicht bezogen, weil Amma abwesend war und vor allem, weil die Zimmer, deren Ausgänge alle in den Sand neben dem Wasser führten, noch keine Türen hatten.

Ich schlief den ganzen Tag, trank ein wenig Wasser aus meiner Vorratsflasche und versuchte, den deutschen Arzt zu benachrichtigen, der mit seiner Frau und zwei kleinen Kindern im Tempel wohnte. Er untersuchte mich und meinte, ich solle viel trinken und würde in ein paar Tagen wieder gesund sein.

Ich verbrachte die nächsten Tage mit hohem Fieber. Ganz selten kam jemand vorbei, um sich alsbald hilflos wieder zu verabschieden. Ich dämmerte dahin, hörte Spinnen und Kakerlaken in den frisch zu meiner Hausmauer verflochtenen Palmblättern rascheln und spürte manchmal ein raues Zünglein an meinen Beinen lecken. Es waren dicke Ratten, groß wie indische Katzen, die sich an meinem Schweiß labten. Mein Zimmer war sozusagen auf ihrem Lebensraum gebaut worden und weil meine Unterkunft keine Türe aufwies, hatten sie freien Zugang zu meinem Krankenbett.

Ihre Anwesenheit und auch diejenige der anderen Gäste aus dem Tierreich störte mich immer weniger. Ich versank in einen angenehmen Dämmerzustand, spürte Ammas Anwesenheit und war im Licht geborgen. Als am dritten Tag eine junge Frau vorbeischaute, hörte ich mich sagen: „Wenn ich jetzt keine Antibiotika bekomme, ist es zu spät!"

Nun kam der Arzt noch einmal, und dann brach Panik aus. Bei allen, nur nicht bei mir. Ich war weggerutscht aus Angst und Schmerz in einen Zustand ohne Mind.

Sofort wurde ich in den leeren Schlafsaal im ersten Stock des Tempels transportiert, musste Medizin schlucken und wurde von einem ad hoc zusammengewürfelten ‚Pflegepersonal' viertelstündlich mit Wasser versorgt, das mir trotz Verweigerung unter Zwang eingeflößt wurde.

Heute hätte diese Geschichte nicht mehr stattfinden können, denn unser Ashram verfügt mittlerweile über ein Spital mit professionellem Personal und intravenöser Versorgung für Fälle wie den meinen, auch sind die Bewohner viel besser vernetzt als früher.

Jedenfalls war ich damals keine angenehme Patientin, wollte weder berührt werden noch trinken und lehnte am Anfang vehement jede Hilfe ab, weil ich in meinem schwerelosen Zustand verweilen und nicht gestört werden wollte.

Erst nach und nach erwachte ich daraus, kamen Gedanken auf und damit auch Vergangenheit und vor allem Zukunft. Diese richtete sich auf das Wiedersehen mit Amma und machte mich zu einer folgsamen Kranken mit nur einem Ziel: dem Abflug nach Singapur.

Schwach und abgemagert gab ich alles, um dabei zu sein, als der Fahrer für uns Privilegierte die Türen des kleinen Busses öffnete. Doch unsere Abfahrt verzögerte sich durch ein kleines Problem. Eine Amerikanerin hatte sich den Fuß verstaucht, ging an Krücken und versuchte verzweifelt, einen Träger für ihren voll bepackten Rucksack zu finden, mit dem sich trotz ihrer Bemühungen niemand belasten wollte. Schlussendlich streckte ich meine Hand aus und nahm den Rucksack in meine Obhut, obschon ich mich kaum selber auf den Beinen halten konnte. Jetzt war

Fliegen

das Problem gelöst, wir fuhren los und flogen los und landeten wohlbehalten in Singapur.

Amma saß schon im Flugzeug nach Mauritius und schaute zu, wie wir unsere Plätze in ihrer Nähe suchten. Als sie mich erblickte, verwandelte sich ihr Lächeln in einen besorgten Gesichtsausdruck und mich betrachtend mimte sie ausdrucksstark meinen ausgezehrten Körper und meine Kraftlosigkeit. Staunend beobachtete sie, wie ich der Amerikanerin ihren Rucksack überreichte und dann mit letzter Kraft den meinen im Fach über meinem Sitz verstaute.

In Mauritius, wo wir auf dem Flug nach La Réunion zwischenlandeten, spielte sich das Rucksackspiel in umgekehrter Richtung ab und beladen mit meiner ‚Habe für zwei' trudelte ich in der Wartehalle ein, legte meine Last in einer Ecke ab und begab mich zu Amma, die uns neu Hinzugekommene mit einer Umarmung begrüßte und nach und nach auch das halbe Bodenpersonal des Flughafens in ihre Arme schloss.

Als dann der Lautsprecher ertönte und ankündigte, dass unser Flugzeug zum Einsteigen bereit sei, erhob sich Amma als

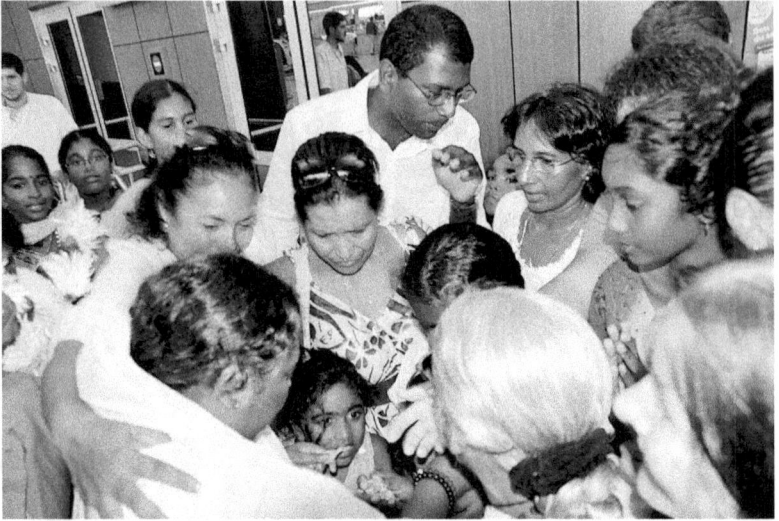

Ankunft in La Réunion

Erste. Erstaunt blickten wir uns an, denn normalerweise begab sich Amma erst nach weiteren Aufforderungen an Bord, um möglichst lange mit den sie umringenden Glücklichen zu verweilen. Wir sahen zu, wie sie zielgerichtet zur Ecke mit dem von mir deponierten Rucksack schritt, sich bückte, ihn aufnahm, über ihre Schulter hängte und zum Gate marschierte.

Sofort formte sich ein Schwarm helfender Menschen um sie und viele Hände griffen nach der schweren Last auf ihrem Rücken. Aber Amma wehrte sie alle ab, trug den amerikanischen Rucksack bis ins Flugzeug und beschämte auf diese Art jeden, der sich einer offensichtlichen Notwendigkeit verschlossen hatte und blind für eine Hilfeleistung gewesen war.

Wie so oft lehrte Amma in der Abflughalle durch ihr eigenes Beispiel und nicht mit vielen Worten, dass zum Helfen und Dienen auch kleine Dinge von großer Bedeutung sein können.

Sie sagt oft, jeder könne jederzeit eine Handreichung, ein Lächeln, ein liebes Wort an einen Menschen richten oder sich ihm mit ganzer Aufmerksamkeit zuwenden, diese Hilfe sei jedem möglich und nicht von Finanzen abhängig.

Während Amma den Rucksack trug, hatte ich wie schon oft zuvor das Gefühl, dass sie alles von mir wusste und mir näher war, als ich mir selber bin, immer bereit, meinen eigenen inneren Rucksack zu tragen.

Und wie schon oft fragte ich mich: „Begleitet sie mich auf dem Weg, den ich gehe, oder gehe ich einen Weg, der für mich vorgezeichnet wurde? Führt sie meine Schritte oder wacht sie darüber, dass ich meine Schritte nach der Vorgabe setze?"

Meine Amma ist universelle Lebenskraft, ewiges Bewusstsein und lebt in jeder Facette meines Daseins. Stets erschafft sie neue Übungsfelder, damit ich in den Urgrund meines Wesens hineinwachse.

Die innere Mutter hat keine äußeren Eigenschaften. Stille ist ihr zu eigen, absolutes Bewusstsein. Du kannst die schweigende innere Mutter nicht einmal Mutter nennen, weil Mutter ein Name ist und es keine Namen und Formen gibt in diesem höchsten Bewusstsein, das die innere Mutter ist.

Amma

16

CHAI KOCHEN NACH MITTERNACHT

Im Herzen des Labyrinths aus dicken Mauern
Leuchtet das Gold Deiner Liebe.
Lass mich Glückseligkeit sein,
Einen Augenblick lang oder
Eine Ewigkeit.

Prabha

Im Laufe der Jahre wuchs meine Kundschaft und mit ihr meine Kochtöpfe und meine Verantwortung. Ich verbrachte viel Zeit in der Küche und musste zusehen, wie Ashramiten und Gäste während meiner Arbeitszeit mit Amma meditierten, unvorhergesehene kleine Arbeiten in ihrer Gesellschaft erledigten oder einfach mit ihr einen Gang übers Ashramgelände machten und sich an den immer ereignisreichen Momenten in ihrer Nähe erfreuten. Es war oft sehr schwierig, drinnen vor meinen Kochtöpfen zu stehen und zu wissen, dass Amma sich da draußen aufhielt. Es brauchte viel Gedankenkontrolle und Verantwortungsbewusstsein, um nicht einfach alles stehen und liegen zu lassen und Amma zu folgen.

Ich tat mein Bestes und um auch dabei zu sein, schlich oft während des sevas mitten in der Nacht in die Küche, um Joghurt für den nächsten Tag anzusetzen oder etwas einzuweichen; ich entwickelte die Fähigkeit, ohne viel Schlaf auszukommen.

Eines Nachts, Devi Bhava und Mitternacht waren vorüber, kam Swamiji auf mich zu und sagte beiläufig: „Sei bereit, es könnte sein, dass Amma dich ruft."

Ungläubig staunend blieb mir kaum Zeit, die Nachricht in ihrer Einzigartigkeit ganz zu erfassen, als schon eine Botschaft von Mund zu Mund durch den Tempel raunte, sich vorwärts bewegte wie eine Reihe aufgestellter Dominosteine die zusammenfallen und mich mit der Botschaft erreichte: „Amma ruft Prabha."

Freudig und mit klopfendem Herzen stieg ich die Stufen zu Ammas Zimmer empor, trat ein in den kleinen Raum und gewahrte Amma, die auf dem Boden saß und wie ein Kind mit einigen Metallbechern, wie sie in Indien gebräuchlich sind, und einem Wasserkrug spielte. Sie hatte das ganze Szenario nur für mich aufbauen lassen, um mich zu erfreuen und mir spielend und trotz meiner fehlenden Sprachkenntnis in Malayalam zu zeigen, wie man eine gute Tasse Tee macht.

Ich setzte mich zu ihr und schon bald wurde ich mit ungetrübter Selbstverständlichkeit und ohne Scheu zum spielenden Kind, eingebunden in ein wunderbares und nichts hinterfragendes Leben aus dem Moment.

Amma füllte drei Becher mit Wasser, reihte sie vor sich auf und einen jeden mit dem Zeigefinger berührend, zählte sie laut: „Ein Becher, zwei Becher, drei Becher." Wie ein ins Spiel vertieftes kleines Kind kommentierte sie: „Drei Becher Wasser und …", schnell füllte sie aus dem Wasserkrug einen nächsten Becher, „ein Becher Milch. Oder wollen wir vier Becher Wasser nehmen für den Tee?" Lustvoll spielend goss sie das Wasser des Bechers mit der Milch zurück in den Krug, stellte das Gefäß wieder in die Becherreihe und füllte es jetzt hingebungsvoll mit Wasser für den Tee. „Also vier Becher", zählte sie, stellte einen neuen Becher in die Reihe und füllte ihn erneut aus dem Wasserkrug mit Milch.

„Wollen wir drei Becher schwarzen Tee auf einen Becher Milch nehmen oder vier? Hm, was ist wohl besser?"

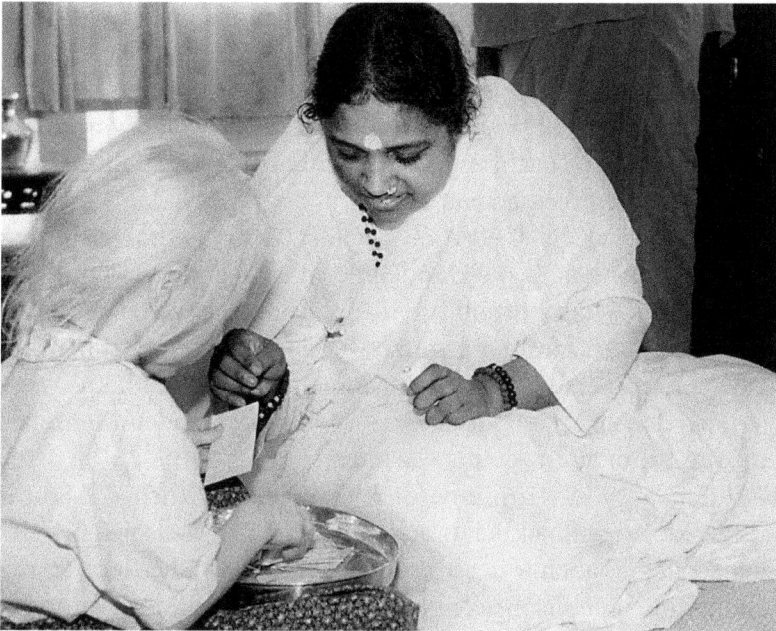

In Ammas Zimmer

Es war einfach unbeschreiblich wunderbar, mit diesem ins Spiel vertieften und ganz im Geschehen aufgehenden Kind Amma zu sitzen und diese besondere Qualität und Schönheit der vollkommenen Identität mit dem Moment zu erfahren. Mir wurde dadurch auf dem Fußboden von Ammas Zimmer nicht nur gezeigt, wie man eine gute Tasse Tee zubereitet, es wurde mir auch die Kostbarkeit eines ganzheitlichen Handelns vor Augen geführt, eines Präsentseins mit allen Sinnen, vollem Körpereinsatz und aus ganzem Herzen. Solchem Tun entspringt eine intensive, kraftvolle Energie, eine besondere Anmut, eine stille, verbindende Liebe, die alle Anwesenden berührt, wegführt vom eingespielten, gewohnheitsmäßigen Verhalten in ein Handeln aus Ganzheit, reiner Freude und Kreativität, das frei ist von Ego.

Aus Amma und mir wurden zwei spielende Kinder und aus den fünf Tassen Wasser ein herrlicher Tee. Er wurde nun in einen zweiten Krug eingefüllt und gemischt. Aus großer Distanz ließ

Amma den Inhalt von oben mit schwungvoller Bewegung in einem einzigen Strahl gekonnt in die Becher fließen. Dabei lachte sie verschmitzt, sagte etwas zu Swamiji und dieser übersetzte mir: „Dieser Trick erzeugt viel Schaum, der eine volle Tasse vortäuscht, viel Tee spart und leicht verdienten Profit in die Kasse eines Chaiawahlhas, eines Teemachers, spült."

Damit war die Teelektion beendet. Amma erhob sich flink, klatschte fröhlich in die Hände und machte einige Tanzschritte im Raum. Ich folgte ihrem Rhythmus und sicher wären wir beide lachend durchs Zimmer getanzt, wenn ich nicht durch einen einzigen Gedanken die Magie des Moments gebrochen hätte.

Ich dachte an die vielen Briefe von ratsuchenden Menschen, die im Zimmer auf Amma warteten.

Es war, wie wenn eine dichte Wolke plötzlich die Sonne verdeckt. Augenblicklich brach die einzigartige Atmosphäre, in der so viel möglich war, zusammen. Amma wandte sich von mir ab, nahm einen der Briefe vom hohen Stapel auf der Kommode und begann zu lesen.

Ich verabschiedete mich glücklich und traurig zugleich. In meinem von kindlicher Freude überströmenden Herzen hockte der Abschiedsschmerz. Er ist ein Begleiter, den ich gut kenne und besucht mich immer dann, wenn ich etwas festhalten möchte. Seine Anwesenheit zeigt mir, dass das Leben fließend ist und nicht statisch, und er entfacht in mir die Dynamik des Loslassens, Weitergehens und Neuerlebens. Möge sich dieser Kreislauf in uns allen immer wieder vollziehen und uns weitertragen auf unserer Entdeckungsreise in ein Leben aus der Fülle.

Die äußere Mutter ist der Körper. Du betrachtest diesen Körper als Amma, als Mutter. Mit den Augen siehst du deine innere Mutter, die ewiges Bewusstsein ist, nicht. Du siehst nur die äußere Mutter und diese Mutter lacht, spielt, spricht, isst, schläft und tut alles, was gewöhnliche menschliche Wesen auch tun. Sie lebt in eurer Mitte, kommuniziert mit euch und verändert sich. Diese Form wurde geboren und muss daher verfallen. Sie hat einen

Anfang und ein Ende. Durch enge Verbindung mit diesem Körper kannst du diese äußere Mutter bis zu einem gewissen Grad verstehen. Du kannst mit ihr reden und kannst ihr Fragen stellen. Ihre Kinder lieben diese Form und die Mutter liebt ihre Kinder ebenfalls. Manchmal tust du etwas, das ihr gefällt. Manchmal machst du sie glücklich und manchmal weint sie. Du kannst ihr zu essen geben und sie zur Ruhe legen.

Sie wird gerne Späße treiben und sich um ihre Kinder sorgen. Vielleicht zeigt sie manchmal eine Verhaftung, drückt Vorlieben und Abneigungen aus und tanzt unter Umständen nach deinen Launen.

Diese äußere Mutter ist da, damit du etwas von der inneren Mutter erfahren kannst, die unveränderliches, ewiges Bewusstsein ist.

Amma

Ammas Vater mit Enkel

17

FAMILIE IDAMANNEL

Du brauchst keine neue Wahrheit –
du musst lediglich die existierende Wahrheit erkennen.
Es gibt nur eine Wahrheit und sie strahlt unablässig
in jedem von uns.
Diese eine Wahrheit ist weder jung noch alt.
Sie ist immer ein und dieselbe, unveränderlich und ewig neu.

Amma

Kalari im Jahr 1993

Eines der schönsten Sevas meiner ersten Ashramjahre begann in den frühen Morgenstunden, kurz nach vier Uhr, wenn ich sauber und im frisch gewaschenen Sari durch die Dunkelheit des fast menschenleeren Ashrams schritt und still den geheimnisvollen Kalari, den Ort, an dem früher Ammas Krishna Bhava und Devi Bhava stattfanden, betrat.

In der dichten Atmosphäre dieses kleinen Tempels wurde ich jeden Tag zutiefst berührt. Sie machte mich zu einer Dienerin Gottes, die ehrfürchtig die Blütenblätter und Blumen-Malas der Rituale des Vortages einsammelte, dann leise am Wasserhahn neben Ammas Zimmer einen Kübel mit Wasser füllte und ihn neben den Peetham, den kleinen Holzstuhl, im Kalari trug.

Auf ihm lagen der Dreizack und das Schwert aus Ammas früher Bhava-Zeit. Diese und andere rituelle Gegenstände wurden täglich von einem ihrer ersten Jünger, heute Swami Swami Turyiamritananda, verehrt und mit Sandelholzpaste und Kumkuma verziert.

Während draußen auf der Veranda das Homa, die tägliche rituelle Feuerzeremonie, gefeiert wurde, machte ich im Tempelchen selbst alles sauber und bereit für den neuen Tag mit seinen Ritualen. Anschließend reinigte ich im Schein des Feuers auf der Veranda die Gegenstände aus Messing, sah dem Pujari bei der Invokation des Glück verheißenden Gottes Ganesha zu und beobachtete, wie mit dem anbrechenden Tag die gebückte Gestalt von Ammas Großmutter auf der Veranda erschien. Die alte Frau, wir nannten sie Achamma, weil sie die Mutter von Acchan, Ammas Vater, war, nahm dort Platz, wo Nachbarn und Devotees frische, lose in Zeitungspapier verpackte Blüten abgelegt hatten, denn sie kam, um noch im hohen Alter mit ihren Helferinnen die Blumen-Malas für die Pujas und die Verehrung der Bilder und Statuen zu binden.

Noch bevor die Sonne aufging, machte ich mich dann auf den Weg, um in der Umgebung des Ashrams, an den Backwaters und in den Gärten von Nachbarn noch mehr Blumen zu pflücken.

Achamma, Ammas Großmutter

Wenn ich früh unterwegs war, hörte ich beim Vorbeigehen am Haus der Idamannels, Ammas Eltern, die Mutter von Amma, Damayantiamma, in ihrem Puja-Raum die 1000 Namen von Sri Lalita, der göttlichen Mutter, rezitieren.

Aber wenn ich etwas später unterwegs war, befand sich Damayantiamma schon draußen vor dem Haus und ging einer Arbeit nach. Oft zog sie große, abgebrochene Wedel von Kokospalmen hinter sich her durch den Sand, um aus ihnen in sorgfältiger Arbeit große Paneele zu flechten, lange Platten zum Bau unserer Hütten. Aus den Blattrippen stellte sie kleine Besen her, mit denen fleißige Brahmacharinis schon vor dem Erklingen des ersten Archanas den Sand des Ashramgrundes sauber fegten.

Der sandige Platz unter den Palmen zwischen dem Haus von Ammas Eltern und den Backwaters diente öfter als Schiffswerft. Angeheuerte Schiffbauer stellten hier unter den wachsamen Augen von Ammas Vater große, mit einer Kabine versehene Fischkutter

109

Ammas Mutter Damayantiamma

für seine Flotte her. Ich sah diese riesigen Kähne auf meiner Blumensuche wachsen und gewahrte fasziniert, wie aus dem angelieferten Holz nach wochenlanger Arbeit ein stolzes Schiff zur Taufe bereitstand.

Mir gefiel der Kontakt zu den Mitgliedern von Ammas Familie. Sie waren auf ihre eigene Art in Ammas stetig wachsende Mission eingebunden und ich nahm immer wieder ihre Liebe und Verehrung zu dieser außergewöhnlichen Tochter oder Schwester wahr, die sie in ihrer Kindheit und Jugend weder erfassen noch verstehen konnten.

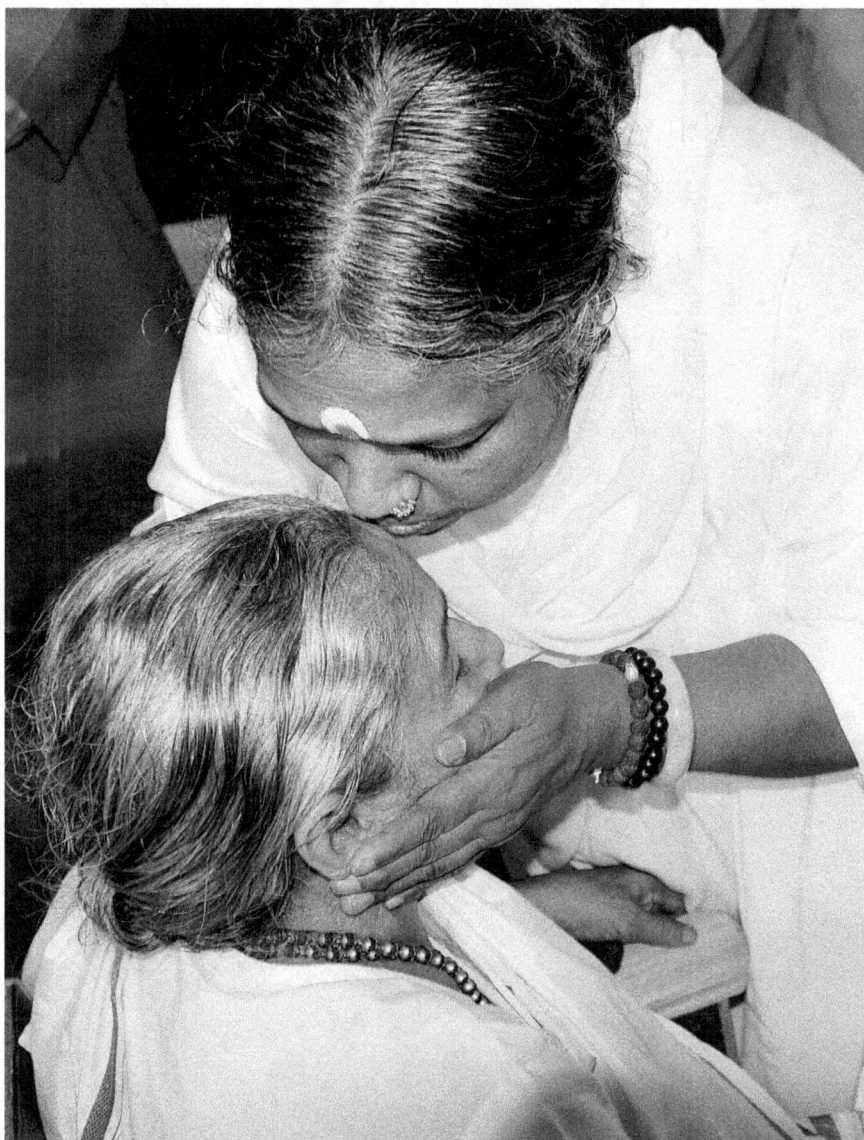

Amma küsst ihre Mutter

18

ZIMMERCHEN MIT ÜBERBLICK

Ich spiele das Spiel des Lebens
das Spiel von Wahrheit und Maske,
von Lebensfreude und Todesangst.
Das Spiel eines Lebens im Spiegel des EINEN.

Prabha

Nach etlichen Jahren des romantischen Wohnens in der feuchten Hütte aus geflochtenen Palmenblättern begannen sich in meinem Körper rheumatische Schmerzen bemerkbar zu machen. Darum suchten meine Zimmerkollegin Theresa und ich eines Tages im sich noch immer im Bau befindenden Ostflügel des Tempels nach einer neuen Unterkunft. Wir entdeckten in einem oberen Geschoss einen kleinen Anbau und fragten Amma, ob das vielleicht unser neues Heim werden könnte.

Amma verneinte, schlug aber vor, dass sie den gleich neben dem Schrein von Kali gelegenen Abstellplatz für Abfallkübel in ein Zimmer für uns verwandeln und zugleich Bauführung und Kosten übernehmen würde.

Wir waren überglücklich und zogen gleich nach einer Europatour in den einzigartigen, kleinen Raum, dessen Eingang sich auf dem hinteren Balkon des Kali-Tempels befand. Amma erlaubte uns, einige Extras einbauen zulassen und so wurden wir Besitzer eines großen eingebauten Regals und genossen den Luxus von zwei Fenstern. Vor dem einen Fenster stand eine Palme, die ihr Grün in unser Zimmer schickte. Sie ließ uns genügend Raum für den Blick über den großen, in nächtlicher Arbeit mit Sand aufgefüllten Platz, auf dem die neue Darshan-Halle entstehen sollte.

Nun lebte ich mitten im täglichen und nächtlichen Geschehen von Amritapuri, denn vom anderen Fenster aus sah ich in Ammas Hof und zur Wendeltreppe, durch die sie in den Kali-Tempel kam. Ich hörte jedes Geräusch und war immer bereit, mit meiner Kamera auch in der Nacht bei Ammas Unternehmungen zur Stelle zu sein.

Eines Nachts, es war während der Zeit um das Fest Onam, hörte ich draußen vor dem Fenster, neben dem die Palme stand, leises, fröhliches Kichern, und mein Blick fiel auf eine große Schaukel, die unten im Sand an zwei Palmen aufgehängt war. Ein Kreis von glücklichen Brahmacharinis umringte das aus zwei Seilen und einem langen Holzbrett angefertigte Gefährt, auf dessen Sitz Amma in der Mitte Platz genommen hatte und jeweils rechts und links von ihr zwei der Mädchen in luftige Höhen entführte.

Onamschaukel

114

Was für ein wunderbares Fest wurde da, ganz privat und nur für Mädchen, mitten im schlafenden Ashram gefeiert! Mittelpunkt war natürlich Amma, die lachend zu einer Schaukelfahrt in die Kronen der Palmen und dem Sternenhimmel entgegen einlud. Kräftige Arme schoben oder bremsten das große, einfach gebaute Gefährt, sehnsüchtige Fahrgäste erwarteten den nächsten Höhenflug mit Amma und das Erlebte wurde flüsternd und mit leuchtenden Augen tuschelnd mitgeteilt.

Ich war ja keine junge Brahmacharini, aber nichts hielt mich mehr in meinem Zimmer zurück, und ich flog mehr als dass ich ging, mit meiner Kamera bewaffnet, über die Wendeltreppe hinunter zu den Palmen und mitten hinein in dieses köstliche, fröhliche Geschehen.

Ich wurde sofort aufgenommen und verwandelte mich lachend in eine Fotografin, (ich werde später über diese Berufung berichten), die eifrig versuchte, eine sich permanent vor und rückwärts bewegende Dreierschaukel und ihre kostbare Fracht mit einer kleinen Olympus-Kamera festzuhalten. Oft flimmerte der Blitz in die Dunkelheit, aber was er wann belichtete und vor allem, ob etwas auf dem Zelluloid festgehalten wurde, das blieb in dieser noch ,vordigitalen' Welt vorerst ein Rätsel. Dass doch das Unmögliche möglich wurde und heute ein Bild Zeugnis von diesem einmaligen Zusammensein auf einer Onam-Schaukel ablegt, ist wohl nur Ammas Gnade zu verdanken. Auch ich durfte neben Amma auf dem großen Brett Platz nehmen und mich mit ihr in den Himmel tragen lassen.

Mit der Zeit entwickelte ich einen sechsten Sinn für Ammas nächtliche Unternehmungen und schon ein leises Rufen durch den Ashram oder mehrere schnell durch den Sand oder die Halle huschende Füße ließen mich auf der Stelle wach werden und den Ort der geheimen Mission suchen.

So fand ich Amma eines Nachts glücklich im Sand sitzen und mit einigen weiß gekleideten ,Hilfsarbeiterinnen' Kuhmist und Heu zu runden Fladen formen. Ihre flinken Hände arbeiteten schnell und ohne Abscheu vor dieser speziell parfümierten

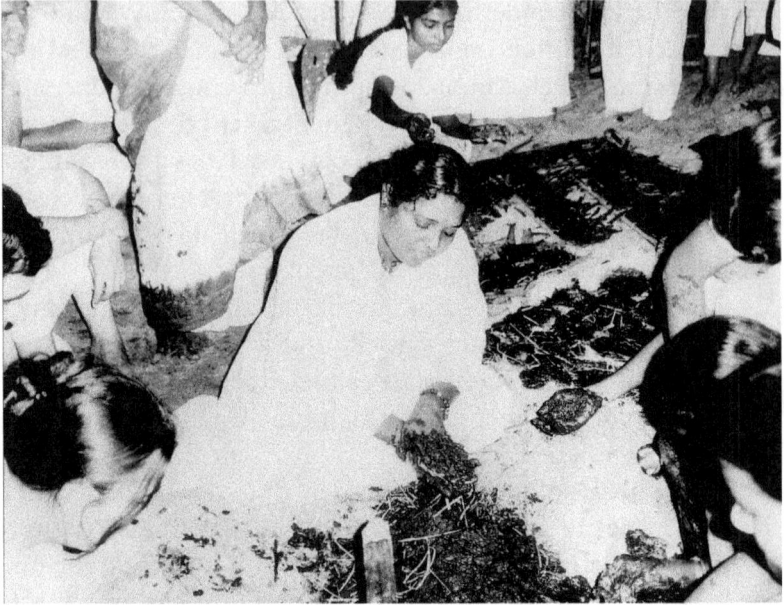

Kuhfladen Chappathis

Materie, während sie immer wieder kichernd und laut wie ein spielendes Kind ausrief: „Chappathi, Chappathi, kommt, wir machen Chappathis", um sich dann voller Hingabe ihrem kreativen Tun zu widmen.

Die Chappathis landeten dann nicht etwa in der Küche. Sie wurden sorgfältig getrocknet und später vor dem Kali-Tempel zu einem kleinen Stoß aufgetürmt, angezündet und langsam schwelend zu Asche verbrannt. Diese sollte dann an Shivaratri, dem Fest zur Verehrung Shivas, in kleinen Säckchen aus Ammas Hand als Vibhuti, heilige Asche, unter die Devotees verteilt werden. Im wahrsten Sinn des Wortes fand hier eine eindrückliche Demonstration von Transformation statt.

In den Nächten vor dem Jahreswechsel ins Jahr 2000 wurde in Amritapuri oft in der Kühle der Dunkelheit gearbeitet.

Sandtragen und Hilfsarbeiten beim Tempelbau fielen ohne die sengende Sonne leichter und manche nicht zur rechten Zeit fertig gewordene Arbeit wurde in den Stunden nach Mitternacht

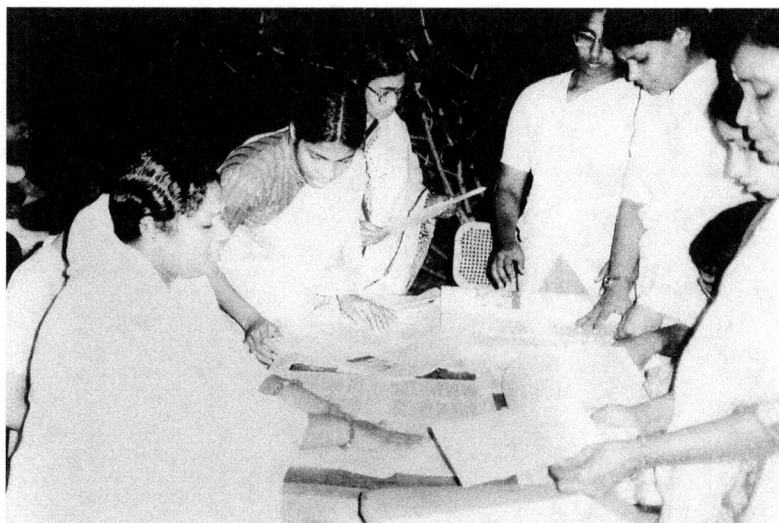

Druckbögen falten in der Nacht

zu Ende gebracht, wie zum Beispiel das Falten des ashrameigenen Magazins Matruvani, das über ganz Indien und später auch nach Amerika und Europa verschickt wurde. Vor dem Tag des Versands wurde regelmäßig die Zeit knapp und es wurde jede Hand gebraucht, um die bedruckten Papierstapel in die Form eines Hefts zu bringen.

Oft war auch Amma dabei, saß mit den Brahmacharinis an langen Tischen, faltend, lachend und immer zu einem lehrreichen Spaß bereit. Jung in Aussehen, Stimme und Gebaren, unterschied sie sich kaum von ihnen und zauberte dieses einzigartige Gefühl von Leichtigkeit und Zugehörigkeit an die Tische, was uns alle den riesigen Papierberg, der noch zu falten war, vergessen ließ.

Was mir in meinen frühen Ashramjahren ganz besonders gefiel, war, dass Amma unsere Fähigkeiten auf vielen verschiedenen Gebieten einsetzte.

Sie lehrte uns, dass es, bei richtiger Betrachtung, weder niedrigere noch höhere Arbeiten gibt und dass das einzig Wesentliche ist, bei jeder Unternehmung ganz dabei zu sein, weil dies zu innerem

Bauschutt entsorgen

Wachstum führt. Ungeachtet von Erfolg oder Misserfolg hatten wir viel Gelegenheit, unsere Stärken und Schwächen zu erfahren und an unsere Grenzen zu gelangen.

Immer wieder hielt uns Amma an, bei der jeweiligen Arbeit ganz präsent zu sein und weder auf zukünftige Belohnung noch auf Lob zu hoffen. Das Rezitieren unseres von Amma erhaltenen Mantras half dabei, den Mind einigermaßen zu zähmen und ihn in Richtung Gegenwart zu fixieren. Auf diese Weise arbeitend erfuhr ich mehrmals, dass in meiner Hingabe an den Moment die Gedanken ihre Vorherrschaft verloren, eine mich übersteigende Kraft die Führung meines Tuns übernahm und mich Ungeahntes erleben ließ.

So durfte ich neben meiner Arbeit als Köchin präzises Handarbeiten und ungebrochene Ausdauer beim Druckbogenfalten lernen sowie beim Einsammeln und Sortieren von noch brauchbaren Baumaterialien auf dem Tempelbauplatz und beim Bedienen einer Höllenmaschine zum Zerkleinern ayurvedischer Ingredienzen. Ich übte mich auch im Weiterreichen von frischem Beton in einer Schale, die aus alten Autoreifen gefertigt war, dem

artistischen Balancieren von zig in meinen Armen aufgeschich-
teten Amma-Büchern über die Tempeltreppe, dem Säubern des
Tempels am frühen Morgen vor dem ersten Archana, das einher-
ging mit dem Wecken der mangels anderer Schlafgelegenheiten
auf dem Tempelboden übernachtenden Brahmacharis und vielem,
vielem mehr, das ich voller Freude und Neugier tat.

In Amritapuri lernte ich, dass Gegenstände multitasken
können, ein großes Kochgeschirr auch zum Sandtragen geeignet
ist oder zum Wäschewaschen oder dass ein ausgedienter Plastik-
beutel zum Stopfen eines Lecks im Palmblattdach genauso brauchbar ist wie als Gefäß zum Aufziehen von Pflanzen und dass aus
alten Zementsäcken ganze Wände als Sichtschutz genäht werden
können.

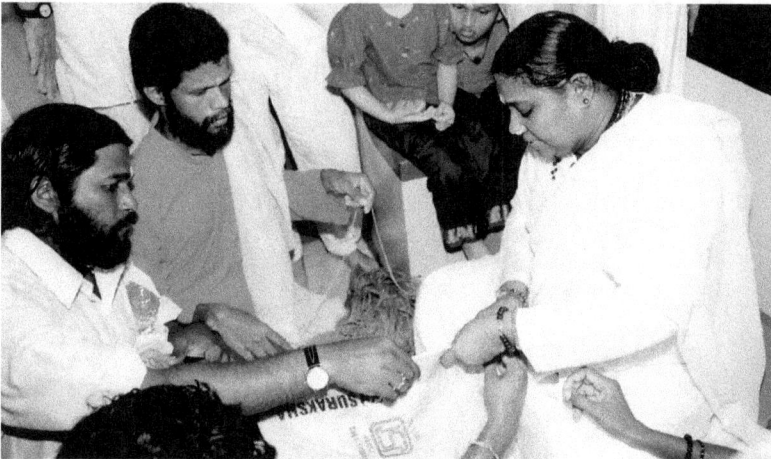

Amma näht

Diese Lebensweise prägte uns alle und eröffnete Wege, fest
zementierte Konzepte loszulassen und dem Alltag vorurteilslos
und mit Erfindergeist zu begegnen. Sie erweckte in uns die Fähigkeit, auch aus ungewöhnlichen Situationen das Beste zu machen.
Sie hat sich in mir gefestigt und ich betrachte sie unter anderem
auch als Teil von Ammas Lehre, die sich an der Praxis misst und
nicht aus Buchwissen besteht.

19

Licht – innen und aussen

Sie ist die Mutter,
Christus in mir und sein Ebenbild.
Sei gegrüßt, Anna Christus, sagt sie
und nimmt mein Innerstes zu sich.

Prabha

In dir wartet ein immenses Wissen auf Erlaubnis, sich
zu entfalten. Aber es wird nur geschehen, wenn du es
zulässt. Der wahre Sinn des Lebens besteht darin, die
Göttlichkeit zu verwirklichen, die in dir wohnt. Es gibt
viele Dinge, von denen du in deinem jetzigen Bewusst-
seinszustand noch nichts weißt. Aber während sich deine
Suche intensiviert und du mit neuen Erfahrungen und
Situationen konfrontiert wirst, werden sich dir noch
unbekannte Lebensmuster offenbaren. Sie werden dich
deinem wahren Wesen immer näher bringen.

Amma

Amma ist unter dem Stern Karthika geboren. Dieser sich jeden
Monat wiederholende besondere Tag ihres Geburtssterns wird
in Amritapuri jedes Mal mit einem großen Ritual im Kalari
gefeiert. Flinke Hände schmücken den sagenumwobenen kleinen

Ein Pujari am rituellen Feuer auf der Veranda des Kalari

Krishna-Tempel aus den ersten Jahren des Ashrams mit Blumengirlanden, traditionellem Wegschmuck aus Palmblättern, Öllämpchen und rituellen Ornamenten.

Heute saß auch ich mit vielen anderen auf den ausgelegten Matten auf der Tempelveranda und gab mich den einleitenden Gesängen der großen Puja hin. Im Zentrum des wunderbaren Rituals stand eine leuchtende, geschmückte Öllampe auf einem farbigen Mandala, um das herum mehrere kleinere Öllampen brannten. Versonnen schaute ich dem Pujari zu, seiner Hand, die mit präziser Bewegung während jedes gesungenen Mantras einige Blütenblätter vor die mit vielen brennenden Dochten ausgestattete Öllampe warf. Ihr Schein erhellte die Gesichter der andächtig sitzenden Anwesenden, tauchte die Reihen der Meditierenden in warmes Licht, das flackernd aufforderte, uns mit dem Licht im Herzen zu verbinden und in unseren inneren Tempel einzutreten.

Das Leuchten der Lichter von Karthika lockte mich mit seinem Gold nach innen zu meinem eigenen Herzenslicht und auf einmal erlebte ich, dass dieses Licht und Amma eins sind. Sie ist mein inneres Licht und zugleich die Quelle allen Lichts.

Sie hat ihr Leben auf der Erde an einem Tag von Karthika als Mädchen eines Fischers begonnen, um die Menschheit zur Entdeckung des Lichts im eigenen Herzen zu führen.

In mir öffnete sich ein Bild aus der Vergangenheit. Ich war mit Amma in Schweden, unserem letzten Ziel einer Europatour vor der Heimkehr nach Amritapuri. Zwanzig glückliche Ashramiten und ich verbrachten die Zeit vor dem Abflug nach Indien mit Amma in einem wunderschönen Landhaus am Ufer eines Fjords.

Ich war in der Küche beschäftigt und blickte durchs Fenster auf einen zauberhaft wilden Garten, der im Licht der Morgensonne leuchtete. Es war, als ob Blumen, Vögel, Büsche und Gras gemeinsam im Licht der aufgehenden Sonne vibrierend den neuen Morgen lobten.

Und inmitten dieser Schönheit saß Amma auf einer Schaukel, die an langen Seilen von einer großen, alten Eiche hing. Still, mit geschlossenen Augen schwang Amma durch das Licht des anbrechenden Tages, versunken in ihrer Welt unendlichen Friedens. Der Wind spielte in den Falten ihres weißen Kleides, strich ihr sanft über das Haar und ließ das Blätterdach über ihr tanzen. Das Gold der Sonne reflektierte sich in ihrem strahlenden Gesicht

und berührte wärmend die kleinen Füße, die sich von Zeit zu Zeit unter dem flatternden, weißen Kleid zeigten. Voller Anmut ließ Amma sich zwischen Himmel und Erde tragen.

Ich schlich mich ganz leise in ihre Nähe, wollte den wunderbaren Moment tief in mich aufnehmen und mich in diesem göttlichen Bild verlieren.

Später saß ich am Ufer des Fjords. Das Bild der schaukelnden Amma vibrierte noch in mir, leuchtete auf dem Wasser, kräuselte sich in jeder Welle. Möwen, Bäume, die Wolken am Himmel, alles reflektierte das Gold, das ich auf Ammas im Einssein versunkenen Gesicht gesehen hatte.

In diesem wunderbaren Moment wusste ich, dass die Essenz hinter Ammas Gestalt das Bewusstsein ist, dessen Licht die Grundlage der Schöpfung bildet. Dass im Körper der kleinen, weißgekleideten Amma eine innere Mutter lebt, eine Weltenmutter, die eins ist mit dem Bewusstsein, durch das Universen entstehen und vergehen. Eins mit einem immerwährenden unberührten Sein, dem leuchtenden göttlichen Licht!

Wie klein war ich in dieser Vision! Die persönliche Welt versank in einer allumfassenden Liebe und alles, was im Leben

wichtig schien, verlor seinen Wert. Ich wurde ein Atom im Universum, ein Staubkorn im Spiel von Werden und Vergehen, klein und allumfassend zugleich.

Noch einige Zeit bestimmte das Erlebte meine Tage, doch ich musste loslassen, um das Wunderbare nicht zu einer erstarrten Erinnerung verkommen zu lassen. Was mir blieb, war die Gewissheit, in Verbindung mit dem großen Mysterium der bedingungslosen Liebe zu sein und mit dem Licht, das alles durchdringt und in jedem Menschenherzen wohnt.

Amma sagte einmal zu mir: „Amma sieht nicht dieses Gesicht", und zeigte auf mein Gesicht mit seinen wechselnden Masken und Stimmungen. Und auf mein Herz deutend fuhr sie fort: „Amma sieht dieses Gesicht."

„Was mag Amma im Gesicht meines Herzens lesen?", fragte ich mich sofort. Amma sieht alles dort. Sie sieht meine Schönheit und meine Schatten, mein Glück und meinen Schmerz, meine Lügen, Mauern und Wachttürme.

Und hinter alldem, tief in meinem Kern, sieht Amma ihr eigenes Gesicht. Auf diese Weise nimmt Amma jedes Wesen wahr, das ihr begegnet, und sagt:

„Die äußere Mutter existiert nur, um dir zu helfen, die innere Mutter zu erreichen, die absolutes Bewusstsein ist. Stille ist die Sprache dieser Mutter, die ohne Eigenschaften ist. Du kannst sie nicht einmal Mutter nennen, weil Mutter ein Name ist und es im höchsten Bewusstsein weder Namen noch Formen gibt."

Weil Amma weiß, dass sich jede Seele nach ihrer wahren Heimat sehnt, nach der Heimkehr ins Licht des Bewusstseins, spielt sie die Rolle unserer Mutter und dient uns als Beispiel für einen erwachten Menschen, in dessen Gegenwart wir Schritte auf dem Weg zu unserer wahren Natur machen können, in die Stille jenseits aller Gedanken. Meistens jedoch schäumen und brodeln diese wie ein wilder Bergbach durch unser Wesen, unaufhörlich das Spiel aufbauend, das wir unser Leben nennen.

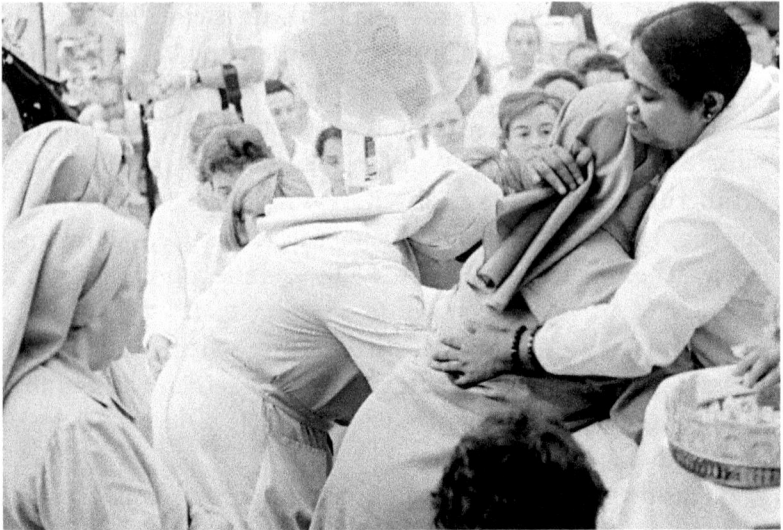

In diesem Drama der Projektionen können wir nur die äußere Mutter erkennen. Aber diese Mutter wird nicht innehalten mit ihrer Arbeit, bis sich unsere Gedanken beruhigt haben und wir immer tiefer in die Stille unseres Herzens sinken, dorthin wo uns die innere Mutter schon immer erwartet hat. In dieser Stille werden wir entdecken, was die folgende Geschichte von Amma veranschaulicht.

In der Hauptstadt eines Landes stand auf dem großen Platz die Statue eines Heiligen mit ausgestreckten, empfangenden und gebenden Armen. Am Sockel der Statue war eine Tafel angebracht, auf der stand:

KOMMT IN MEINE ARME

Krieg überzog das Land, Bomben verwüsteten die Stadt. Die Statue wurde durch einen Einschlag beschädigt. Ihr wurden beide Arme abgerissen.

Nach Kriegsende widmeten sich die Bürger dem Wiederaufbau der Stadt. Auch die Statue sollte wieder instandgesetzt werden und die Bürger berieten sich: „Lasst uns die Statue abreißen und neu bauen", meinte einer. „Nein, es reicht, wenn wir dem Heiligen neue Arme anfertigen", rief ein anderer. Da sagte ein alter, weiser Bürger der Stadt: „Wir wollen die Statue so belassen, wie sie jetzt ist!"

Alle wandten sich erstaunt zu ihm um und meinten protestierend: „Siehst du denn nicht, dass der Heilige keine Arme mehr hat, aber auf der Tafel steht:

KOMMT IN MEINE ARME

„Ich sehe es", antwortete der Mann. „Wir lassen die Tafel stehen, wie sie ist, und fügen die Worte hinzu:

ICH HABE KEINE ANDEREN ARME ALS DIE EUREN

Amma macht uns immer wieder darauf aufmerksam, dass wir in Wirklichkeit göttliche Wesen in einem menschlichen Körper sind. In uns warten Liebe, Mitgefühl und Kraft darauf, sich in die Welt zu verströmen.

Als ich Amma noch nicht kannte, wurde ich in einem spirituellen Retreat auf ganz besondere Weise auf diese Wahrheit aufmerksam gemacht. Wir waren als Gruppe von Suchern in einem großen Meditationsraum unter dem Dach eines alten Bauernhauses versammelt. An einem Morgen wurde uns eine Frage gestellt, zu der wir unsere Antwort unverzüglich niederschreiben sollten. Ich hielt mein leeres Blatt Papier und einen Stift in den Händen, als ich den Meister sagen hörte: „Die Frage lautet: Wer bin ich?"

Wir schauten uns alle überrascht an! Ja, wer bin ich? Sicher war damit nicht mein Name, Beruf oder Zivilstand gemeint. Aber ... wer bin ich ohne diese Attribute?

Im Moment war ich einfach nur Frage, ein offenes Gefäß, in das eine Antwort gelegt werden wollte. Meine Augen suchten die Augen eines Heiligen, dessen Bild in einem Holzrahmen an der Wand neben mir hing. Damals wusste ich nicht, dass dieser Meister Ramana Maharshi hieß und dass seine Lehre beinhaltete, sich immer neu genau diese Frage zu stellen: Wer bin ich?

Amma war damals noch nicht in mein Leben getreten, aber heute kann ich sagen: Die Augen von Sri Ramana leuchteten wie die Augen von Amma, und diese Augen sagten mir: „Du bist Gott!"

Ich, Gott? Sofort machte sich Unbehagen in mir breit und ein schlechtes Gewissen regte sich! Ist das nicht Blasphemie? Ich dachte an das Märchen vom Fischer und seiner Frau, die immer mehr wollte und sah mich vermessen wie die Fischersfrau, die bestraft wurde, weil sie Gott sein wollte.

Vor meinen Augen stiegen Bilder weiser Frauen auf, die auf dem Scheiterhaufen verbrannt wurden, und ich wünschte, ich könnte die Antwort des Maharshi ungeschehen machen.

Darum schrieb ich auf mein weißes Papier: Ebenbild Gottes. „Ein Wort zu viel", meinte der Lehrer, als ich ihm die Antwort zeigte.

Ich brauche viel Kraft und Mut auf meinen Tauchgängen nach dem, was ich in Wahrheit bin, aber ich habe mich Amma anvertraut, die uns alle immer neu ermutigt, das zu akzeptieren, was ist, sei es angenehm oder verletzend, schön oder hässlich, wohlwollend oder feindlich. Mit unendlicher Geduld zeigt sie uns den Weg in ein Leben, in dem derjenige ein Held ist, der sein Ego zu einer Null gemacht hat.

Und sie lehrt mich, den Moment zu leben, mich mit meiner Freude, meinem Leid, meiner Liebesfähigkeit, meinem Unvermögen, meiner Dummheit und vielem mehr zu verbinden in dem

Tanzen in Schweden

Wissen, dass all dies mein Ego ausmacht, meine Spielfigur auf dem großen Brettspiel des Lebens.

Ich freue mich, wenn sich diese Spielfigur mit Leichtigkeit auf der Erde bewegt, ich ängstige mich, wenn sie die Orientierung verliert, und weine mit ihr, wenn der Schmerz groß ist. Ich teile jeden Tag viel Schönes und Enttäuschendes mit ihr, sie ist die Illusion, zu der ich geworden bin, wissend, dass tief in mir meine wahre Natur, das Licht ewigen Bewusstseins leuchtet. Ich bin auf der Reise dorthin. Möge mein Leben ein Weg sein zum Licht!

Ich spiele das Spiel von Vorstellung und Meinung,
von Vergangenheit und Zukunft.
Ich spiele das Spiel von abgrundtiefem Leid
Und tanzender Freude,
Das Spiel meiner Reise zum Spiel ohne Spieler,
Wo hinter tausend Toden Du und ich eins sind
Im offenen Raum des Herzens.

Prabha

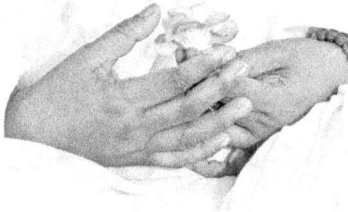

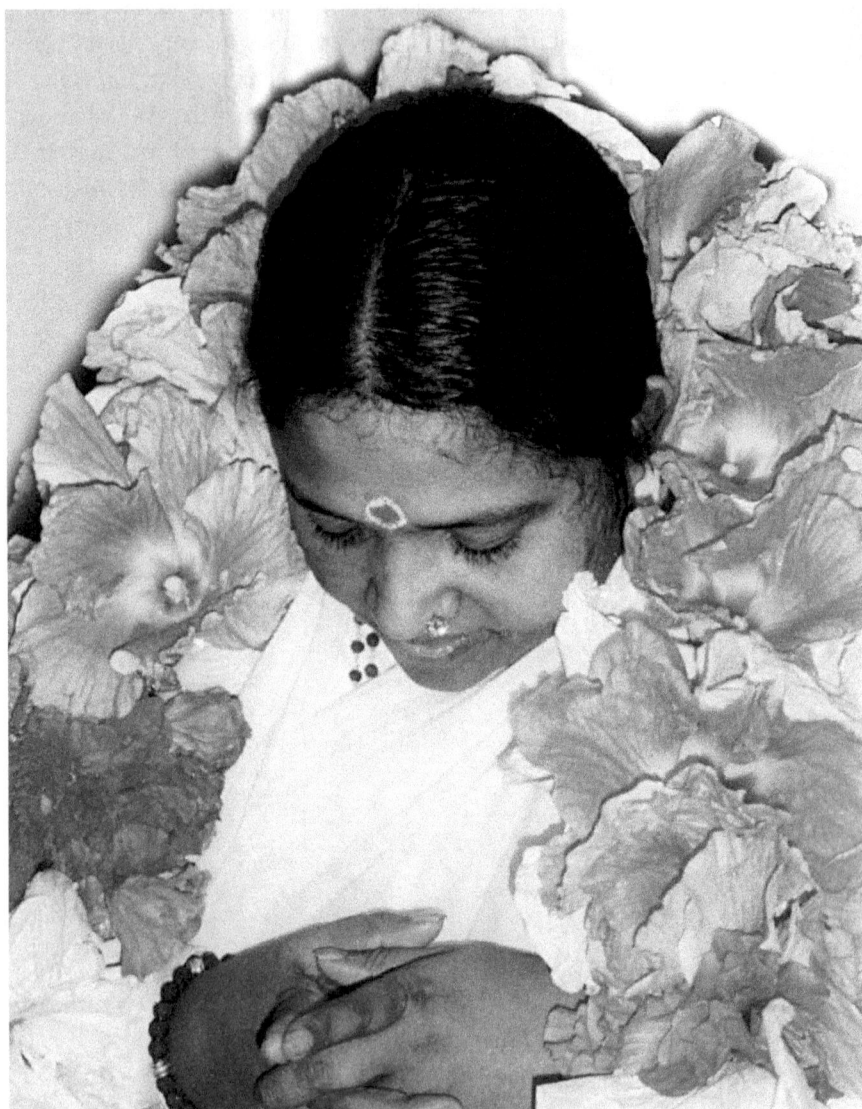

20

Die Fotografin

Berühre die Erde, erblühe im Tanz,
Säe aus die Saat aus deines Wesens tiefster Tiefe.
Erbebend siehst du die Blüten zum Himmel wachsen.

Prabha

Mein Leben als Fotografin von Amma begann mit einem märchenhaften Bild, das ich lediglich mit der Kamera meines Herzens festhalten konnte. Dort hat es sich für immer eingeprägt. Eine lächelnde Amma, die in einem kleinen Garten zwischen hohen, blühenden Rosenbüschen steht und ihre Handflächen zum Segen an uns alle über dem Kopf zusammenlegt. Der zauberhafte Garten gehörte zu Ammas Ashram auf La Réunion und war dem kleinen Haus vorgelagert, das sie während ihres Aufenthalts, mit den vielen Programmen rund um die kleine Insel im Indischen Ozean, bewohnte.

Jetzt war Amma nach einem langen Darshanmorgen auf dem Weg in ihr Zimmer. Die offenen Blüten der Rosen leuchteten in den herrlichsten Farben und umschmeichelten die kleine Gestalt im weißen Kleid, in deren strahlenden Augen sich die vielen hundert Begegnungen der letzten Stunden widerspiegelten. Es waren Umarmungen von Menschen aller Hautfarben. Hunderte waren gekommen, um Amma zu begegnen, warteten dicht gedrängt auf ihren Darshan im Saal des Ashrams mit den schönen Bildern und reichhaltigen Schnitzereien.

Die Insel gehört zu Frankreich und beherbergt neben indischen, chinesischen und anderen Einwanderern auch Menschen, deren Vorfahren als koloniale Siedler oder afrikanische Sklaven das Land betreten hatten und zusammengefasst als Kreolen bezeichnet werden.

Amma lachte während ihres Abschiedsgrußes und ihr strahlendes Gesicht übermittelte uns wortlos: „Ich komme bald wieder, um mit euch zusammen zu sein!" Ich war tief berührt von der unübertroffenen Schönheit dieses Moments, sah Amma als erleuchtetes Wesen, vibrierend im Ewigen, kraftvoll und

gleichzeitig zart wie eine Rose. Ich begehrte nichts anderes, als dies geschaute Bild für immer zu besitzen.

Mir war bewusst, dass ich keine Bewilligung hatte, Amma zu fotografieren, aber ich sah sofort meine kleine Olympuskamera vor mir. Sie lag gut verpackt im Koffer mit meinen wenigen Habseligkeiten, die ich in der Schweiz zurückgelassen hatte, und als wir im folgenden Jahr La Réunion wieder besuchten, war sie dabei.

Schon am ersten Tag auf der Insel fragte ich beim Darshan: „Amma, darf ich ein Bild von dir machen, wenn du durch den Rosengarten gehst?"

„Ja", antwortete sie, „du darfst Bilder von mir machen!" Sie lächelte geheimnisvoll, als ich mich schnell entfernte, um im Zimmer meinen Schatz zu holen.

Ich wollte bereit sein für das Rosengartenbild, hielt die Olympus schon lange vor dem Ende des Darshans aufgeregt in meinen Händen und verfolgte jede Bewegung von Amma. Endlich! Amma hatte sich erhoben und stand nun, von vielen Besuchern umringt, auf der Veranda des Ashrams. Sie führte ein ernsthaftes Gespräch, während ich mich so unsichtbar wie möglich machte und im besten Winkel zum Weg, der durch die Rosen führte, auf meinen Einsatz wartete.

Aber leider war ich auf der Pirsch nach einem Moment aus der Vergangenheit und wurde arg enttäuscht, denn dieses Jahr war nicht das letzte Jahr und das Bild von Amma im Rosengarten sah jetzt ganz anders aus. Sie sprach beim Gehen immer noch mit den Menschen auf der Veranda und machte ein ernstes Gesicht.

Mein Finger drückte kein einziges Mal auf den Auslöser. Enttäuscht erinnerte ich mich an ein Rätsel, das mir jemand vor Kurzem erzählt hatte:

„Wie kannst du Gott zum Lachen bringen?" – „Erzähl ihm deine Pläne!"

Ja, meine Pläne hatten sich nicht erfüllt, aber im Innern meiner Olympus wartete eine 36er-Rolle Kodak-Film auf Belichtung! Und hatte Amma nicht geantwortet, ich dürfe Bilder machen?

Bilder sind mehr als ein Bild. Warum sollte ich mich grämen, weil heute nicht letztes Jahr war?

Am nächsten Tag, als Amma den Saal betrat und die Swamis während der Pada Puja die vorgegebenen Mantren sangen, schaute ich fasziniert und auch ein wenig ängstlich durch den Sucher meiner Kamera und diesmal drückte mein Zeigefinger gleich mehrmals auf den Auslöser. Amma ignorierte mein Tun und für mich bedeutete dies Zustimmung.

Nach zwei Tagen hatte ich den halben Film mit Aufnahmen von Amma belichtet und meine Neugier auf das Resultat meiner Fotojagd kam an ihre Grenze. Ich musste umgehend auf Glanzpapier erfahren, ob ich erfolgreich gewesen war, und begab mich darum im nahen Städtchen auf die Suche nach einem Fotolabor.

Heute, wo ich digital auf Instantsehen eingerichtet bin, wird der Bogen meiner Geduld nicht mehr überspannt, fallen gefährliche Fahrten zu unbekannten Fotoläden weg und sind die vielen, am Resultat meines Könnens zweifelnden Stunden verschwunden. Auch das Feilschen um rasche Entwicklung des Zelluloids um einen guten Preis, das intensive Gefühl der Ungewissheit beim Warten auf die fotografische Ausbeute und das Herzklopfen beim Auswurf der Bilder gehört der Vergangenheit an. Ich empfinde dies als Verlust von wertvoller Information über mich selbst, denn mit der Digitalisierung verlor ich ein wunderbares Instrument zur Prüfung meiner Geduld, zum Entlarven meiner falschen Vorstellungen, zum Bewusstmachen meiner Ängste und dem intensiven Erleben von unerwarteter, spontaner Freude.

In Saint-Louis de la Réunion fand ich einen sympathischen Franzosen in einem kleinen Fotoladen, der mir nach zwei Tagen die entwickelten Fotos freudestrahlend überreichte. Staunend blickte ich auf wunderschöne, gut gelungene Bilder von Amma und mir war, als hätte sie selbst die Kamera geführt und im richtigen Moment abgedrückt, damit ein so schönes Resultat erreicht werde konnte.

Am Abend war Amma auf dem Weg zu einem Tempel in den Bergen und ich brachte ihr meinen Schatz zum Wagenfenster. Nachdem sie die Fotos betrachtet hatte, sagte sie zu Swamini: „Prabha sieht meine verschiedenen Bhavas (Ausdrücke, Stimmungen), ich möchte, dass sie weiterhin Bilder von mir macht." Zu mir gewandt fuhr sie fort: „Du darfst nicht aufhören, Amma zu fotografieren, auch dann nicht, wenn sie mit dir schimpft."

Seit jenem Tag gab es eine westliche Fotografin namens Prabha, immer möglichst in der Nähe von Amma, dem schönsten und überraschendsten (Foto-)Objekt der Welt, und es gab die Schülerin Prabha, immer möglichst in der Nähe der Meisterin, dem heißesten Feuer zum Verbrennen großer Egos. Mit meinem Seva als ihre Fotografin gab mir Amma die Chance, genau dort zu sein, wo ich immer hatte sein wollen: an einem Ort der Verwandlung!

Zusammen mit meinen unzähligen Bildern von Amma, die vom belichteten Zelluloid in glänzende Fotos transformiert wurden, wurde und wird mein Mind, auch heute noch, langsam transformiert durch das Leben und Arbeiten für Amma, die in meinem Herzen als leuchtende Gestalt in einem Rosengarten steht.

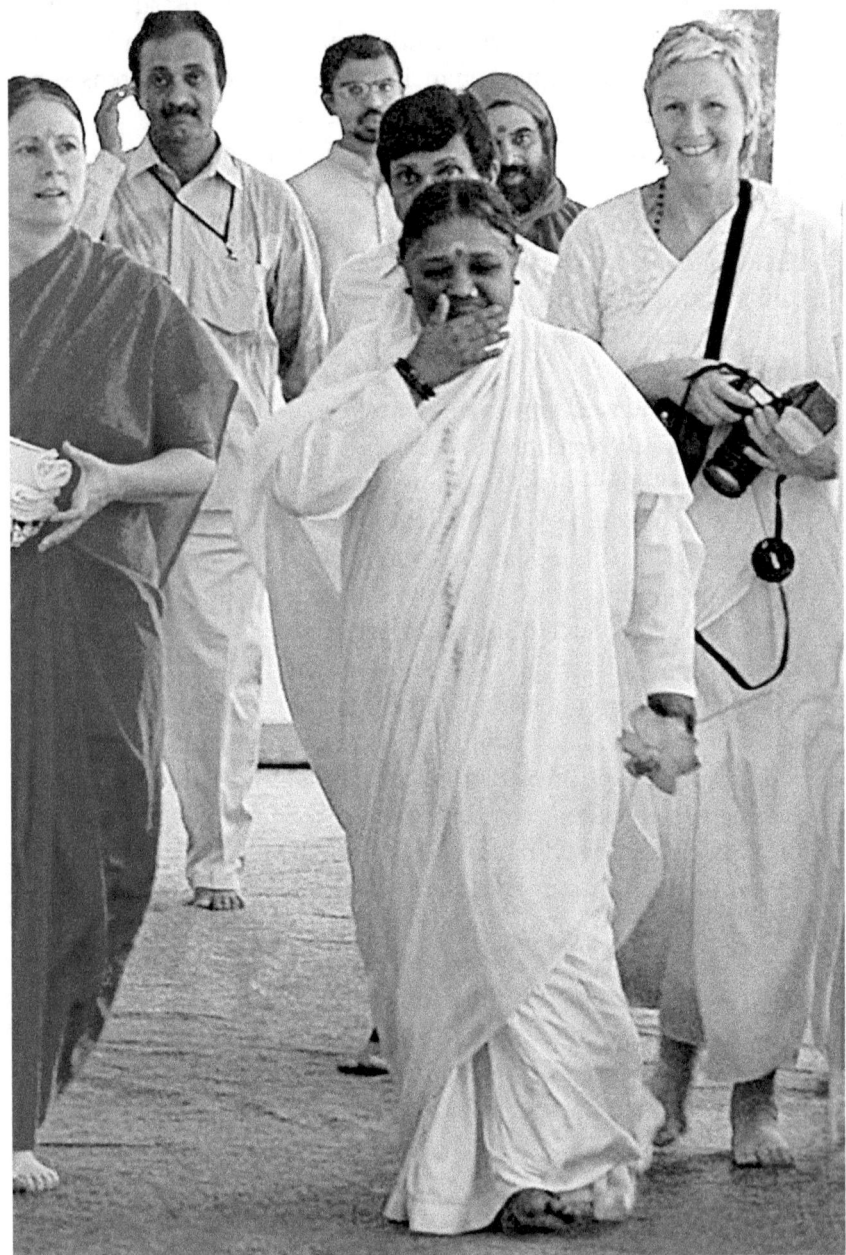

21

Zwei Kolleginnen im Fotobusiness

Mein Garten war schön aufgebaut,
nach meinem Maß.
Nun ist er ausgetrocknet,
wüst und leer.
Es klafft ein Loch.
Wenn es nun Hohlraum wäre?
Ein Höhlenraum, dich zu empfangen?

Prabha

Nachdem Amma mir Gelegenheit gegeben hatte, mich zwei Jahre lang in meinem neuen Leben als ihre Fotografin einzurichten, und ich die ersten Hürden dieses trickreichen Ashramsevas genommen hatte, zündete sie die nächste Stufe der Rakete, die zur spirituellen Sonne führt.

Sie schickte mir eine Berufskollegin: Janani, Mutter des Universums, eine starke, erfolgreiche Frau, von der ich mich sofort bedroht fühlte; wir wurden Gegenspielerinnen anstatt Kolleginnen.

Eigentlich verstanden wir uns ganz gut, hatten in vielen Bereichen die gleiche Wellenlänge, konnten miteinander reden, sogar über unsere Eifersüchteleien und Kriege, aber aus der Welt schaffen konnten wir diese Probleme nicht. Heute sehe ich, welch perfektes Geschenk von Amma der neue Egoknacker, das ‚Janani-Prabha-Spiel‘, für mich war.

Janani gab mir immer wieder Anlass zu Eifersucht und Tränen der Enttäuschung, die ich, so gut es ging, zu verstecken suchte. Aber manchmal dienten meine Anfälle an kindischem Gebaren der Belustigung Ammas und der Swamis, die unsere Dramen oft bewusst noch intensivierten und unser Konkurrenzdenken anfeuerten.

Amma verstand es meisterhaft, an den überspannten Saiten meines Instruments namens Ego zu zupfen, und entlockte ihm oft unschöne Töne. Es war unglaublich und nicht nachvollziehbar, mit welcher Sensibilität sie auf das Vielfältigste an uns arbeitete, schwierige Situationen heraufbeschwor, nie die Gelegenheit für eine Belehrung ausließ und immer auf Wachstum und Wandlung fokussiert war, nie auf Zerstörung, außer derjenigen des Egos.

Weil jedes Foto, das wir aus den Händen gaben, von Amma bewilligt werden musste, war Amma neben den vielen Stunden des Darshangebens, dem Lesen von Hunderten von Briefen, der Beratung von Mitarbeitern ihrer vielfältigen Institutionen und des gemeinnützigen Werkes auch noch mit Jananis und meinen kleinen, für uns dermaßen wichtigen Freuden und Leiden des Lebens beschäftigt. Freude hieß auf beiden Seiten: Amma hat mein Bild angenommen und deines abgelehnt. Was Leiden hieß, könnt ihr unschwer erraten.

Eines Tages ließ mir Amma sagen, ich solle nun eine Spiegelreflexkamera kaufen. Mit dieser technischen Aufwertung begleitete ich Amma auf die anstehende Australientour und trug die neue Kamera, stolz über die Schulter gehängt, in einer großen, grauen Tasche.

Der Ort unseres ersten Programms lag an der rauen See. Gut bewirtet und betreut im kleinen Ferienhaus einer großzügigen, australischen Devotee, hörte ich das Brausen des Wellenschlags in der Nacht, lag glücklich und mich mit der Natur verbunden fühlend in meinem gemütlichen Bett und wusste, dass Amma ganz in der Nähe weilte und ich sie bald sehen würde.

Freudig schulterte ich am nächsten Tag meine Nikon und ließ mich zum Ammaprogramm fahren. Bald würde ich mit meiner neuen Kamera wunderbare Bilder machen. Wie schön war doch das Leben! Aber leider nur bis zu dem Moment, als ich erfuhr, dass Janani im selben Haus wohnen durfte wie Amma.

Stolz kam sie mit ihr zum Programm, filmte sie und knipste gleichzeitig noch einige Bilder. Mein Hoch verschwand blitzschnell, während ich unkonzentriert auch ein paar Fotos machte und mir mein Entsetzen nicht anmerken ließ, als Amma neben mir das Gebäude betrat. Frieden und Stille breiteten sich in der großen Darshanhalle aus, die Menschen meditierten, die Swamis sangen und Amma umarmte. Ich saß ganz hinten in einer Ecke und während ich vorgab zu meditieren, flogen meine Gedanken unkontrolliert durcheinander und wurden immer schwärzer.

Im Kinofilm meines Minds gingen Amma und Janani in der einmaligen Landschaft Australiens spazieren. Janani knipste und filmte und lachte und Amma lachte auch und rief Janani sogar noch in ihr Zimmer, wo sie die schönsten Nahaufnahmen von Amma machen durfte. Und auf einem dieser Porträts blickte Amma genau in die Kamera und Janani hatte damit das beliebteste und begehrteste Amma-Porträt geknipst, den von allen Devotees ersehnten ‚directlook'!

Hier schaute Amma ganz bewusst in meine Kamera.

Dieselbe Prabha, die am Morgen so glücklich im kleinen Strandhaus erwacht war, war jetzt nur noch ein wirres, unreflektiertes Bündel kindischer Eifersucht und während Amma voller

Liebe einen Menschen nach dem anderen aus ganzem Herzen umarmte, wurde auf meinem mentalen Schlachtfeld immer heftiger gekämpft und einem plötzlichen Impuls folgend, fragte ich, innerlich aufgelöst und außen scheinheilig ruhig, nach der Adresse von Ammas Haus.

Nachdem ich erfahren hatte, dass es nur einen Kilometer entfernt lag, schulterte ich die Tasche mit der Nikon und machte mich auf den Weg. In mir grollte es rabenschwarz. Ich fühlte mich benachteiligt und übergangen von Amma. Eifersucht nagte heftig an mir, und die Stimme meines Egos diktierte deutliche Worte: „So nicht, Amma! Nicht mit mir! Mache die Bilder, wer will, aber ganz sicher nicht mehr ich, du benachteiligst mich."

In dieser Stimmung betrat ich das Haus, in dem Amma wohnte. Die Türe war offen. Ich hörte, dass jemand anwesend war, als ich leise durch die Gänge schlich und Ammas Zimmer erspähte. Es war niemand zu sehen, als ich es auf leisen Sohlen betrat und die Nikon, versehen mit einem Zettel, auf den ich in aufgebrachter Eile geschrieben hatte: „Für Amma von Prabha", neben ihr Bett stellte.

Nun war meine Mission erfüllt, und nachdem ich unbemerkt das Haus verlassen hatte, stellte mein Mind ein anderes Programm ein. Meine Fantasie malte sich nun aus, wie Amma das Zimmer betritt, die Kamera sieht, die Worte liest und was sie denken und tun würde. Von solchen Gedanken zugedröhnt, nahm ich den Weg unter meinen Füßen gar nicht mehr wahr und war fast erstaunt, als ich plötzlich vor der Programmhalle stand.

Beim Eintreten bemerkte ich die langen Menschenschlangen beidseitig neben Amma, der Klang der Bhajans erfüllte den Raum und Ammas Schwingung umhüllte auch mich Abtrünnige.

Trotzig sagte ich mir, ich sei zufrieden und hätte getan, was getan werden musste. Das leise Gefühl von Zweifel stopfte ich mit Kaffee und Kuchen aus dem Bistro der Devotees weg und spielte vor, ganz zufrieden mit mir und der Welt zu sein, während ich hin und wieder Janani beobachtete, die von meinem Abenteuer keine Ahnung hatte.

Am Abend kamen Amma und die Swamis wieder zusammen mit Janani an. Meine Nikon war nicht dabei! Mein Gefühl des Zweifels hatte sich während der Pause intensiviert und schlug nun in Selbstmitleid um. Ich kauerte während des ganzen Abends in Ammas Nähe und mein Mind führte in vielen Versionen das Drama der verletzten Prabha auf – ein vier Stunden dauerndes Wut- und Trauerspiel, das, mir unbewusst, wohl meine ganze Lebensgeschichte durchzog.

Amma sagte in dieser Nacht kein einziges Wort zu mir, aber ich spürte ab und zu ihren Blick auf mir ruhen und gegen Ende des Darshans fiel mit einem Mal der Vorhang zu meinem Drama und mein inneres Theater hatte ein Ende.

Amma gab mir eine stille Umarmung, bevor sie in den Wagen stieg, der sie zu einem Hausbesuch fahren sollte. Janani war auch dabei, aber in mir war das Spiel aus.

Ich lief mit großen Schritten durch die Nacht zu Ammas Haus, fand Tür und Tor wieder offen, betrat ihr Zimmer und sah die Nikon dort, wo ich sie hingestellt hatte. Nur der Zettel war verschwunden und lag jetzt auf dem kleinen Tisch.

Leise wie ich gekommen war, verließ ich das Haus wieder. Die Tasche mit der Nikon, der Sternenhimmel und meine schnellen Schritte durch das schlafende Land, alles fühlte sich so gut an und gehörte zu mir, so, wie auch der innere Kampf des letzten Tages zu mir gehörte und mich auf einer inneren Ebene ganz sicher verändert hatte.

Ich fand meine Gastgeberin im Saal des Programms beim Aufräumen vor und zusammen fuhren wir heim ins kleine Haus auf der Klippe, an deren Felsen das Meer brauste und mich in einen traumlosen Schlaf begleitete.

Leben und Liebe abgewürgt.
Die Energie fliegt am Herzen vorbei,
Summt endlos, kalt berechnend
Voll ängstlicher Vergangenheit, in meinem Kopf.

Prabha

22

DAS SPIEL IST AUS

Wenn die Sonne des Seins
Den Kampf in mir überstrahlt,
Dann bist du da
Im Herz meines Herzens.

Prabha

Das ‚Janani-Prabha-Spiel‘ nahm viele Jahre lang seinen Lauf und noch immer waren wir zwei erwachsenen Frauen ihm wehrlos ausgeliefert. Wir fanden einfach den Schlüssel nicht, um dieses Karussell anzuhalten.

Oft fragte ich mich, was die Worte „Dein größter Feind ist dein bester Freund" für mich bedeuteten. Ich konnte mir nur vorstellen, dass diese Worte niemals mir galten, sondern allenfalls einer ganz besonders hingebenden Person, einer, die dem Gegner, der sie ins Gesicht schlägt, auch noch die andere Wange hinhält, und ich zählte mich nicht zu dieser Kategorie. Doch heute, da unser Spiel sein Ende gefunden hat, weiß ich, dass Janani die beste Freundin in meinem Leben der Suche ist. An ihrer Persönlichkeit wurde meine Persönlichkeit geschliffen, durch unser Ringen miteinander viel Altes aufgebrochen und ausgeräumt, die Bürde meines Egos wurde erleichtert und die Sicht auf die Landschaft in mir klarer.

Dann kam der Tag, an dem Amma den Schwierigkeiten, die unsere Beziehung immer wieder plagten, ein Ende setzte. Es war höchste Zeit für diesen erlösenden Moment, denn ich konnte mir plötzlich nicht mehr vorstellen, noch einmal Monate und Jahre und vor allem die kommende Europatour mit einer Gegnerin statt einer Kollegin durchzustehen.

Ich wohnte damals schon wieder in der Schweiz, war aber viel im Ashram, fotografierte noch immer und wohnte weiterhin im kleinen Zimmer gleich neben dem Schrein von Kali, die mit der Zerstörung meines Egos so viel Arbeit hatte.

Auch ich hatte enorm viel Arbeit an diesem Tag. Es war Hochsaison für indische Hochzeiten, denn die Sterne standen gut für diese arrangierten Lebensgemeinschaften und mit meiner Kamera hielt ich viele Paare und ihre Familien während des traditionellen

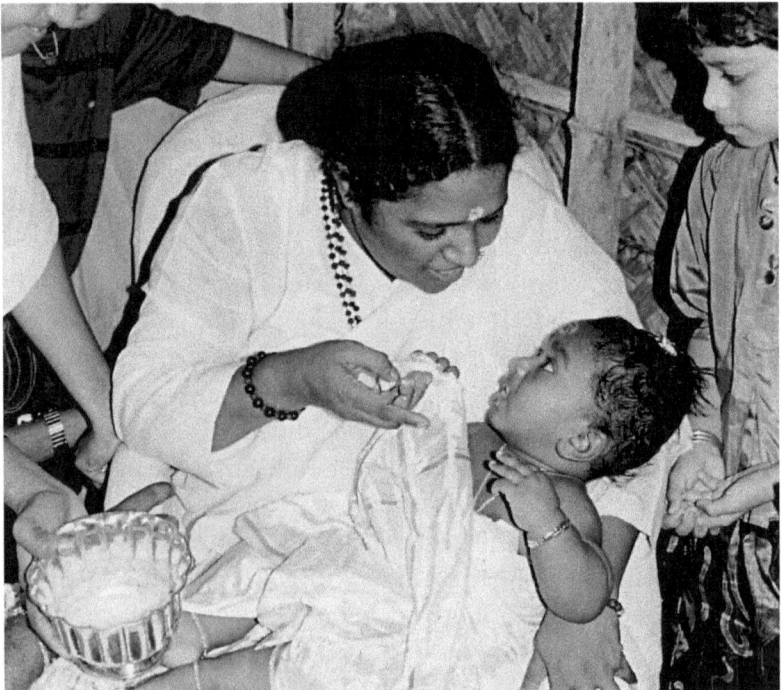

Rituals fest. Und nun stand die Bearbeitung der Bilder an, auf die viele frisch vermählte Paare sehnsüchtig warteten.

So von Arbeit eingedeckt, fragte ich Janani, ob sie die Bilder des heutigen Tages machen könnte, denn es waren einige Eltern angemeldet, deren Babys aus Ammas Hand das erste feste Essen erhalten sollten. In ein feines, traditionelles Tüchlein, den Mundu, gekleidet warteten sie jeweils mehr oder weniger geduldig auf den süßen Reisbrei.

Janani sagte gern zu, denn es war eine Gelegenheit, in Ammas Nähe zu sein und sich erfüllen zu lassen vom dicht schwingenden Leben neben ihr.

Nach ihrer Zusage nutzte ich meine gewonnene Zeit, machte mich an die Bearbeitung der Bilder und sah durchs Fenster Janani rechtzeitig durch Ammas Hof zur Bühne gehen.

Ich war mit der Feinarbeit beschäftigt, als mein Handy klingelte und mich ein Swami aufforderte, auf die Bühne zu kommen, weil es nun an der Zeit sei, die Babys zu füttern.

„Ich komme heute nicht, Janani ist da", antwortete ich und wollte mich gleich wieder meinem Computer zuwenden. Aber der Swami ließ nicht locker, er wollte Prabha und nicht Janani, die neben ihm stand und schon lange auf ihren Einsatz gewartet hatte. Ich argumentierte aussichtslos.

Dies initiierte den Tag, an dem das ‚Janani-Prabha-Spiel' zusammenbrach. Dieses Bühnenstück war nicht mehr nötig, ich hatte genug gelitten, genug Ego gespielt, hatte Einsichten gewonnen und war dem Drama entwachsen, etwa so, wie ein Mädchen mit den Jahren seiner Puppe entwächst.

Mit meiner Kamera betrat ich die Bühne in der großen Halle, sah Amma, umringt von den Glücklichen, die bald in ihre Arme sinken würden, gewahrte das zufriedene Lächeln des Swamis und das enttäuschte Gesicht von Janani. Rasch wollte sie an mir vorbeigehen und die Bühne verletzt verlassen. Aber ich hielt sie fest, flüsterte ihr zu, mit mir zu kommen, und zog sie direkt vor die umarmende Amma, die erstaunt auf das ungewohnte Bild zweier aus der Reihe tanzender Frauen blickte.

„Amma", sagte ich unverzüglich, „Janani und ich wollen Freundinnen sein!"

Ammas Augen weiteten sich und ein verschmitztes Lachen zeigte sich auf ihrem Gesicht. Sich den in ihrer Nähe weilenden Menschen zuwendend, kommentierte sie: „Schaut euch diese zwei hier an, sie streiten immer miteinander. Wenn Amma die eine ansieht, dann ist die andere traurig und schaut sie die andere an, dann weint die eine."

Und lachend zeigte sie allen ihre Zeigefinger, die sich gegeneinander wandten und aufeinander losgingen und sagte laut: „Janani, Prabha … fighting, fighting, kämpfen, kämpfen." Janani noch immer festhaltend, sagte ich ernst: „Amma, das war früher, da waren wir noch Babys, aber jetzt sind wir erwachsen!"

Als Amma wieder lachte, hörte ich mich plötzlich mit bittender Stimme sagen: „Amma, bitte mach ein Sankalpa, damit Janani und ich Freundinnen sein können."

Jetzt wurde es still um Amma und die nahestehenden Inder flüsterten: „Sankalpa, Prabha möchte dein Sankalpa, Amma", und viele nickten zustimmend.

Amma blickte lange auf uns zwei, auf solch schwierige Art verbundene Frauen. „Okay", sagte sie kurz und voller Liebe.

Und so war es dann. Ammas Sankalpa, ihre unterstützende Zuwendung wirkte und machte dank der Auflösung des ‚Janani-Prabha-Spiels' aus uns zwei sorgfältig miteinander umgehende Kolleginnen, die noch heute in Freundschaft miteinander verbunden sind.

Ich danke Amma, die mit uns dieses Spiel so facettenreich gespielt hat, aus ganzem Herzen. In diesem Herzen ist für Janani ein Ehrenplatz eingerichtet! Ich habe ihr viel zu verdanken und umarme sie.

Warten auf Amma in Tamil Nadu

23

SCHWIMMEN IM FLUSS

Stell dir das Göttliche als einen reich fließenden, reinen Fluss vor.
Sein Wasser säubert verschmutzte Kanäle und stagnierende Tümpel.
Es reinigt all das, womit es sich verbindet.

Amma

Auf meinem ersten Ausflug mit Amma saß ich ganz hinten im kleinen Ashrambus, in dem ungefähr dreißig Personen Platz fanden. Die zwei Sitze vorne links, gleich neben dem Einstieg, waren für Amma und Swaminiamma reserviert. Niemand setzte sich auf Ammas Platz, wenn sie nicht im Bus war und vorübergehend im Auto eines Devotees Platz genommen hatte. Ihr Asana, das damals das Fell einer Raubkatze war, lag während unserer Fahrten immer auf ihrem Sitz und gab uns das Gefühl, dass sie bei uns war.

Oft stoppte der Bus am Straßenrand, und hoffnungsvoll konnten wir beobachten, wie Amma ein bequemes Fahrzeug unseres Wagenkonvois verließ, um fröhlich bei uns einzusteigen, zum Lachen und Meditieren, zum Singen, Mantrarezitieren, Geschichtenerzählen oder in Stille durch Mutter Indien zu reisen.

Heute fuhren wir zu einem Programm im Staat Tamil Nadu. Amma stieg als Letzte ein, richtete ihren Blick sofort auf den hintersten Platz, der direkt über dem Auspuff des Minibusses lag– ohne Fensterscheibe, die man hätte schließen können. Ihre Augen blitzten auf in die meinen, nur den Bruchteil einer Sekunde lang, und ich spürte ihr Mitgefühl mit der Neuen, die den schwarzen Peter gezogen hatte und auf dem verschmähten Sitz Platz nehmen musste.

Dass mein weißer Sari schwarz und schwärzer wurde, kümmerte mich indes wenig. Ich war dermaßen glücklich, dass ich nur Schönheit sah und vollkommen angstfrei und staunend aus dem Fenster schaute, trotz der halsbrecherischen Fahrweise von Swami Ramakrishnananda, der unser Fahrzeug professionell und verwegen über die belebten Straßen steuerte.

Unser Ziel war Coimbatore, eine Stadt, die ungefähr sechs Fahrstunden vom Ashram entfernt liegt. Als die Landschaft außerhalb einer großen Stadt grüner und die Häuser spärlicher wurden, hielt der Bus vor einer großen Brücke, und ich sah aus anderen Autos Reisende einem Fluss zustreben. „Oh, wir gehen schwimmen", klang es freudig durch unser Fahrzeug und schon waren alle Sitze leergefegt und ich wurde im Sog der Amma nacheilenden Frauen einfach mitgezogen zu einem großen Haus, aus dessen Garten eine breite Treppe zum Fluss hinunterführte.

Schnell entledigten wir uns des Saris, banden den Unterrock über der Brust zusammen und folgten Amma, die im roten Schwimmkleid schon auf der Treppe zum Wasser stand. Bevor wir in den friedlich fließenden Fluss eintauchten, schöpften wir mit den Händen etwas Wasser, gossen es über unseren Kopf und verbanden uns auf diese Weise mit dem Element, das uns gleich aufnehmen würde.

Mein erstes Bad mit Amma war märchenhaft! Amma mit dem offenen, langen Haar, den behänden Bewegungen des Körpers, der mit dem Element Wasser eins zu sein schien, ihrem Lachen und ihrer ansteckenden Freude, war für mich das Bild der Gestalt gewordenen Göttin aller Flüsse dieser Erde.

Wir schwammen, spielten, tauchten und lachten wie unbekümmerte kleine Kinder, mit den Gegebenheiten des Moments fließend. Dann verlangte Amma nach ihrer Seife und wir Frauen durften ihr mit dem wohlriechenden französischen Produkt das lange dunkle, gewellte Haar waschen. Die Seife schäumte unter unseren Händen, Amma lachte und spielte das widerspenstige

Kind, um dann plötzlich tief unterzutauchen und den Schaum aus ihrem Haar zu spülen.

Dann waren wir an der Reihe. Nein, Amma hat uns nicht das Haar gewaschen. Sie nahm sich jede Einzelne von uns vor, seifte uns mit ihrer Seife das Gesicht mit gezielten Handbewegungen ein, um uns dann blitzschnell unter Wasser zu tauchen. Dabei rief sie laut: „Vasana cleaning, vasana cleaning!", was so viel hieß wie: Amma wäscht all das von euch ab, was euch daran hindert, das Göttliche zu schauen und zu sein.

Ich wäre gern noch länger in der Zeitlosigkeit des warmen Flusswassers geblieben, doch Amma ermahnte zur Eile, und es ging zügig weiter – in die Kleider, in den Bus und erneut auf die

Fahrt, unserem Ziel entgegen, wo am selben Abend das Programm in einer großen Halle stattfand.

Gegen zwei Uhr nachts fuhren wir dann wieder zurück in den Ashram. Dieses Mal war ich ganz vorne, stand neben Amma im Bus und sah in die Dunkelheit. Ich war glücklich, bewunderte Swami Ramakrishnananda, der seine rasante Fahrkunst auf den nachtstillen Straßen demonstrierte, und genoss Ammas Nähe. Auf einmal hörte ich sie etwas rufen, was unseren Chauffeur sofort veranlasste, die Geschwindigkeit des Busses, der sich in einer langgezogenen Kurve befand, zu drosseln, und schon stand unser Fahrzeug einer riesigen, schwarzen Kuhherde gegenüber. Langsam und endlos trotteten die Tiere an uns vorbei und ließen sich alle Zeit der Welt, den Weg für unsere Heimfahrt freizugeben.

Im Morgengrauen setzte uns der Bootsmann über das Wasser, ich legte mich im Tempel auf meine Matte und schlief tief und traumlos bis die Sonne hoch am Himmel stand. Beim Erwachen tauchte das Abenteuer unseres Bads im Fluss wieder in meiner Erinnerung auf und mit den Bildern waren auch Ammas Worte in mir:

„Der Meister ist wie ein Fluss. Du kannst am Ufer dieses Flusses stehen bleiben, kannst ihn rühmen und seine Schönheit preisen. Aber was immer du über die

154

Erhabenheit des Flusses zu sagen hast, hat nicht wirklich
Bedeutung, solange du nicht in den Fluss gesprungen bist.
Sich einem Meister hinzugeben und in seinen Fluss zu
springen, braucht Mut, denn die Strömung wird dich
unweigerlich zum Ozean tragen, zum Göttlichen oder
deinem wahren Selbst."

Wir sind mit Amma in vielen Flüssen Indiens geschwommen, in großen und in kleinen, in heiligen und in unbedeutenden, und immer wieder erinnerten mich unsere Spiele und Gebete im Wasser an diese Worte. Amma verstand es meisterhaft, uns zu zeigen, dass Leben, Lieben und Fließen nicht getrennt sind und dass der Weg zum Licht des Herzens durch unser Mitfließen im Fluss der echten Werte des Lebens und im Fluss unserer Freude am Dienen freigelegt werden kann.

Oft haben wir im Wasser zusammen mit Amma das Gayatri-Mantra gesungen, formten zu den ersten Worten des Gesangs eine Schale mit beiden Händen, schöpften Wasser, hielten die zum Gefäß gewordenen Hände während des Singens an unser Herz, um bei den Schlussworten des Mantras das kostbare Nass über uns fließen zu lassen. Dann tauchten wir alle tief ins Wasser ein.

Dieses Ritual wiederholten wir immer und immer wieder, schwangen uns in den Klang von Gayatri ein, der unser Herz öffnete, tauchten tief in den Fluss, der uns reinigte, und erlebten ergriffen eine wachsende Verbindung zu allem, was uns umgab.

Es gibt viele Therapieformen, die uns helfen wollen, unser Leben frei von – meist aus der Kindheit stammenden – inneren Mustern, Abwehrmechanismen und Abhängigkeiten zu leben. Amma dagegen kennt die Wirklichkeit eines jeden von uns und hat ihre eigenen Methoden, um uns neue Wege zu eröffnen und zu zeigen, wie wir auf ihnen durchs Leben gehen können. Auch wenn es oft weh tut, in Ammas Energie fallen die Dinge an ihren richtigen Platz, findet Öffnung statt, darf Neues aufsteigen und Altes verschwinden, und die Kostbarkeit unserer Geburt und die Liebe zur Schöpfung werden uns bewusst.

24

BHAVANI

Man ist versucht zu sagen,
Du hast alles verloren.
Aber geht es nicht genau darum,
Alles zu verlieren,
Um alles zu gewinnen?

Prabha

Mein liebster Badeplatz war Bhavani, der Ort, an dem sich die Flüsse Bhavani und Kaveri treffen und zusammen weiterfließen. Die Gemäuer eines alten Tempels stehen an dem Ort, wo breite Stufen ins heilige Wasser führen.

Als ich mit Amma das erste Mal an diesem Badeghat in den Fluss eintauchen durfte, waren wir trotz des großen Tempels in seiner Nähe noch ganz unbehelligt bei unserem Spiel im warmen Wasser. Wir sangen zusammen laut das Sri Lalita Sahasranama Stotram, tauchten, lachten, fühlten uns verbunden mit Bhavani, der göttlichen Mutter, und Amma, unserer spirituellen Mutter. Eine spürbare Leichtigkeit und Unbeschwertheit bestimmte unser Tun, eine Freude, die uns zu spontanen, unschuldigen Kindern machte.

Dieser heilige Ort befindet sich in Tamil Nadu und wir hatten damals den Platz am Fluss ganz für uns. Keine dazukommenden Devotees machten uns die Nähe um Amma streitig, keine Wäsche wurde gewaschen, keine großen, alten Lastwagen oder Kuhherden wurden gebadet. Die Göttin Bhavani gewährte uns hier Zeit und Schönheit. Zeit für Spiele und Mantren im Wasser, Zeit zum Meditieren, Zeit zum Kochen, zum Essen, zum Sitzen auf sonnenwarmen Treppenstufen am Abend und zum Lauschen auf Ammas Gesang und ihre Worte in der Dunkelheit.

Während wir mit Amma im Fluss schwammen, wurde von den zum Küchendienst verpflichteten Männern ein Feuer entfacht und sie und die Ammamars, die älteren Frauen, die sicher alle jünger waren als ich, kochten „Bhavanicanji", eine von uns auf diesen Namen getaufte Suppe aus Reis, Mungbohnen und geraspelter Kokosnuss, an die kein Gericht der ganzen Welt je heranreichen wird. Ihr Aroma war die Heiligkeit des Ortes, die Majestät des Flusses, Ammas Präsenz und überschäumende Freude und unser Glück, ihr so nah sein zu dürfen.

Ein Bild dieses Tages werde ich nie vergessen: Amma im roten Schwimmkleid, wie ein junges Mädchen zwischen den Ständen mit Chai und heiligen Souvenirs flanierend, die in der Nähe der Treppe zum Fluss aufgestellt waren. Ihr nasses Haar trug sie offen, ein leichtes Handtuch bedeckte ihre Schultern. Jemand hatte ihr ein Spielzeug geschenkt, eine Art kleine Pfeife mit einem Mundstück, an dem ein zusammengerollter farbiger Papierschlauch befestigt war. Und während Amma auf ihrem Spaziergang um die Stände kräftig in das Mundstück blies, entrollte sich das Papier wie eine aus dem Schlaf geweckte kleine Schlange nach vorn und ließ den grellen Ton erklingen, den auch ich als Kind auf dem Rummelplatz mit einer gleichen Art Pfeife gemachte hatte.

Was für ein einmaliges Bild! Amma im knöchellangen roten Badekleid, umgeben von einer Schar junger Menschen, fröhlich auf ihrem Instrument pfeifend.

Zwangslos schlenderten wir zusammen von Auslage zu Auslage, die Pfeife schrillte übermütig und zu guter Letzt kaufte Amma jedem von uns an einem Stand ein Glas Chai und verteilte einige Rollen süße Kekse.

Wer hätte bei diesem Anblick gedacht, dass das Mädchen, das sich so unbeschwert bewegte, Sri Sri Mata Amritanandamayi Devi war, eine der größten Heiligen unserer Zeit, die sich schon als junges Mädchen ganz der Welt schenkte, ohne von dieser Welt zu sein – die sich auf unsere Ebene des Seins begibt, um mit uns zu singen, zu lachen und zu weinen, zu feiern und zu beten, uns Wege in die eigene Tiefe zu öffnen und menschliche Not auf allen Ebenen zu lindern.

Wenn wir nachts auf den warmen Steinen saßen und Amma in die Dunkelheit des Bhavani sang, konnte ich manchmal in ihrem Gesang und seiner dichten Schwingung ihr Einssein mit der Schöpfung erahnen. Im Klang ihrer Stimme war der Fluss enthalten und das Heiligtum der alten Tempelanlage, in ihr lebte der Stein, auf dem wir saßen, der Himmel mit seinen Sternen, das ganze Universum und auch ich, die sich so klein fühlte und doch groß in der Liebe und der Verbundenheit mit dem Ganzen.

Man sagt, wir hätten zweimal am Bhavani übernachtet, aber dass ich einmal auf dem Fußboden in einem dieser

Touristenpavillons geschlafen habe, habe ich vergessen. Dafür ist mir die andere Übernachtung noch in lebhafter Erinnerung.

Ich reiste damals im letzten, weil langsamsten und ältesten Fahrzeug von Ammas Wagenkonvoi und etwa zwei Stunden, bevor wir den Bhavani erreichten, brannte es im Motorraum. Eine schwarze Rauchwolke drang in den Bus und zwang uns, hustend das Fahrzeug zu verlassen.

Ich war als Erste draußen, hatte ich doch die Reise auf einer großen indischen Küchenmaschine mitgemacht, die ganz hinten im Bus gleich neben der einzigen Tür stand. Ihr riesiger Behälter mit dem Mahlstein war mit karierten Bettdecken gefüllt und diente mir als Sitz, die silberne Metallstange an der Tür ermöglichte mir Halt auf den damals sehr schlechten Straßen und wenn ich mich mit einem Tuch an ihr festband, konnte ich nachts sogar schlafen.

Als ich beim Brandherd ankam, hatten die beiden Fahrer den Motor schon freigelegt und waren dabei, das Feuer mit unseren Wasserflaschen zu löschen. Niedergeschlagen standen wir alle neben unserem beschädigten Transportmittel und ich bin mir sicher, dass jeder in diesem Moment nur an Amma und den Verlust eines Bades mit ihr im Bhavani dachte.

Auf den geschwärzten Motor blickend, sagte ich beiläufig: „Startet die Maschine doch mal!" Alle blickten erstaunt auf mich und meinten, ich hätte wohl einen Schock erlitten. Trotzdem stieg einer der Fahrer in die Führerkabine und betätigte den Anlasser. Und siehe da, unser geliebtes Fahrzeug, das uns schon durch so viele Staaten Indiens getragen hatte, machte mit. Der Motor sprang an und wir allesamt auf unsere Sitze.

In Indien wird es recht schnell dunkel und erst dann wurde entdeckt, dass die Lichtmaschine verbrannt war. Dass ein Auto auf Indiens Straßen ohne Licht fuhr, war nichts Außergewöhnliches, aber die Situation wurde uns vor der langen, weißen Brücke, die über den breiten Fluss zum heiligen Ort Bhavani führte, zum Verhängnis. Weil uns in der Dunkelheit kein Fahrer auf der gegenüberliegenden Seite sehen konnte, mussten wir, die wir sehnlichst auf Überfahrt warteten, uns im handylosen Zeitalter fast eine Stunde lang gedulden, bis uns eines unserer anderen Fahrzeuge zu Hilfe kam.

Unsere Hoffnung auf ein Bad mit Amma schwand dahin. Als wir endlich bei den Bungalows ankamen, war es späte Nacht und unsere Mitreisenden schliefen schon in zwei vollbesetzten kleinen Gebäuden.

Wir erspähten Amma an der Tür ihrer Unterkunft, ihr Gesicht drückte Mitgefühl aus und mit leiser Stimme erklärte sie uns, dass es leider keinen Platz mehr in den angemieteten Räumen gebe. Sie legte uns nahe, uns auf dem Gelände in einem dichten Knäuel zu einer Art rastender, menschlicher Herde zusammenzutun und so zu schlafen. Weil wir zudem den Platz mit vielen herum rennenden und hungrig schnüffelnd nach Nahrung suchenden Wildschweinen teilen mussten, empfahl uns Amma, uns in diesem Menschenknäuel mit dem Kopf nach innen und den Beinen nach außen hinzulegen. Ein wenig enttäuscht befolgten wir Ammas Rat, beobachteten noch eine Weile unsere ununterbrochen tätigen, vierbeinigen Freunde und schliefen dann unversehrt, bis die Sonne uns weckte und sich beim Morgenbad mit Amma unsere traurigen Gefühle in Nichts auflösten.

25

Der kleine Fluss

Die Route unserer jährlichen Nordindientour, die uns über Bombay bis nach Delhi und weiter nach Kalkutta führte, wurde durch die Brahmasthanamtempel, die von Amma installierten und gesegneten heiligen Plätze, bestimmt.

Im Norden Indiens war es schwieriger, geeignete Stellen für ein Bad im Fluss zu finden. Darum waren wir alle froh, als unsere Fahrzeuge einmal neben einer kleineren Brücke Halt machten und wir Amma mit ihren Begleiterinnen an einem steilen Hang auf dem Weg zu einem Flüsschen hinunter entdeckten.

Das Wasser, das sich zwischen hohen Steinen seinen Weg suchte, war kalt und zum Schwimmen gab es keinen Platz. Trotzdem genossen wir es, unsere Körper nach der langen Fahrt zu bewegen und im Wasser Abkühlung zu finden.

Ich saß bis zu den Schultern eingetaucht auf einem großen, mit grünen Pflanzen überzogenen Stein, als plötzlich ein durchdringender Schmerz von meiner Hand ausgehend meinen Körper durchdrang und kalte Schauer mich erzittern ließen. Im selben Moment hörte ich Amma rufen: „Kommt alle schnell aus dem Wasser, hier wollen wir nicht bleiben", und schon sah ich sie im Schwimmkleid mit Swaminiamma den steinigen Hang erklimmen.

Wir Frauen wickelten uns in Windeseile in den Sari. Die Männer hatten es da um einiges leichter und die meisten waren schon zurück auf der Straße, bis auch ich mich angezogen hatte und auf dem Weg nach oben war. Ich hatte keine Zeit, mich um die Hand und meinen Schmerz zu kümmern. Alles, was ich wollte, war, rechtzeitig im Bus zu sein und auf keinen Fall vergessen zu werden.

Erst nachdem ich mich auf meinen Sitz fallen gelassen hatte, sah ich meine Hand wieder an und erschrak. Mein Daumen, mein Zeigefinger und die Hälfte meines Mittelfingers waren dick geschwollen und sahen aus wie große Würste. Eine diffuse Angst stieg in mir hoch.

Meine Augen suchten Amma und ich hörte, dass sie schon weggefahren war. Entsetzt sah ich zu, wie die Schwellung an meinem Mittelfinger von Minute zu Minute zunahm und nun auch meinen Ringfinger ergriff.

„Da kannst du nur noch beten", sagte mir ein mitreisender Arzt, den ich voller Hoffnung konsultierte.

Dies tat ich ohnehin seit der Entdeckung meiner sich verändernden Hand und nun flehte ich Amma inständig an, doch auf mich zu warten, mir zu helfen und mich von meiner Panik und meinem Schmerz zu erlösen.

Wir waren noch keine fünfzehn Minuten unterwegs, als alle riefen: „Schaut, dort unten sitzt Amma!"

Sie saß an einem breiten Fluss und wartete auf mich, die ihren Weg nach unten suchte. Ich bemerkte unseren Chaitopf, der sich selbstständig gemacht hatte, an mir vorbeirollen, erreichte das Ufer und sah, dass genau so viel Platz zwischen Amma und dem Fluss frei war, wie ich brauchte, um mich ihr zu nähern und ihr meine Hand zu zeigen.

Sie berührte diese wortlos und legte sie auf ihr Knie. Die Anwesenden flüsterten angeregt, ein jeder wollte besser wissen, was mir widerfahren war, nur Amma blieb ganz still.

Sie griff in ihr langes, offenes Haar, entnahm ein einziges dunkles Haar, spannte es zwischen Daumen und Zeigefinger beider Hände und fuhr damit langsam über meine Hand. Auf und ab und auf und ab, und nach einer Weile wiederholte sie das Ritual mit einem nächsten Haar.

Nun waren auch die anderen still geworden und sahen zu, wie Amma mir tief in die Augen schaute und sagte: „In zehn Stunden wird alles vorbei sein, aber du darfst jetzt keinen Tee trinken und keine Kekse essen."

Ich war viele Jahre lang Schülerin eines Schamanenlehrers gewesen, bevor ich zu Amma kam, und litt sehr darunter, dass ich im Ashram unsere Zeremonien, unser Trommeln, unsere Trancetänze und das indianische Gedankengut um das Sein in und mit der Natur aufgeben musste. Dies war für mich das größere Opfer als das Loslassen meines materiellen Besitzes und schon einmal hatte mir Amma gezeigt, dass sie es wusste, so auch jetzt.

Ich fühlte mich erkannt und aufgehoben bei ihr nach diesem eigens für mich inszenierten Heilritual, denn mir war klar, dass ein einziger Blick von Amma genügt hätte, um meine Hand zu heilen.

Gleichzeitig war ich ihr so unendlich dankbar für ihr Spiel mit mir und mir war bewusst, dass ich für das Ritual der Heilung auch etwas von meiner Seite geben musste. Darum sagte ich sofort und spontan ‚ja' zur Hingabe meines Chais, was Amma dazu veranlasste, mir auch das Nachtessen zu streichen.

Ungemein erleichtert und glücklich saß ich später im Bus und obschon sich nun auch mein Ringfinger in eine große Wurst verwandelt hatte, war meine Angst verschwunden. Amma hatte sich meiner angenommen und ich würde geheilt werden.

Beim Dunkelwerden teilte Amma am Straßenrand Idlis an uns aus. Vor allem die Brahmacharis wollten unbedingt erfahren, was mich gestochen oder gebissen hatte, und umringten Amma, um die wildesten Vermutungen anzustellen. Dabei sagten sie immer wieder, während sie hungrig ihre Idlis verzehrten: „Du darfst nicht essen, Prabha! Du darfst auf keinen Fall essen!" Ich nahm an, sie konnten kaum glauben, dass mir das auferlegte Fasten überhaupt nichts ausmachte, ja, ich mich dadurch sogar noch stärker mit Amma verbunden fühlte, weil sie mir erneut enthüllt hatte, dass sie meine schamanische Vergangenheit kannte.

Amma erwähnte nie, was mir im Wasser passiert war, aber nach zehn Stunden begannen meine Schwellungen zurückzugehen und mit einer gesunden Hand reiste ich am nächsten Tag weiter.

Als wir unser Nachtlager bezogen, fehlten zwei Koffer. Sie waren uns von Straßenräubern vom Dach des Busses gestohlen worden, während wir alle von Amma beim abendlichen Essen so gern noch mehr über den kleinen Fluss und seine Geheimnisse erfahren hätten.

26

GAYATRI-MANTRA

OM
OM BHUR BHUVAH SVAHA TAT SAVITUR VARENYAM
BHARGO DEVASYA DHIMAHI DHIYO YO NAH PRACHODAYAT

OM
WIR MEDITIEREN ÜBER DEN GLANZ DES GÖTTLICHEN
LICHTS, DIE SONNE DES SPIRITUELLEN BEWUSSTSEINS,
DIE WIR VEREHREN. MÖGE IHR LICHT UNS ERLEUCHTEN,
AUF DASS WIR DIE HÖCHSTE WAHRHEIT ERKENNEN.

Welch starke, geistige Kraft vom Gayatri-Mantra ausgeht, habe ich vor vielen Jahren in Australien erlebt. Wir wohnten mit Amma in einem Haus, in dessen Garten ein großes Schwimmbecken ganz besonderer Art angelegt war. Sein Rand wurde von schweren, rotbraunen Lavasteinen geformt, über die die großen Blätter tropischer Pflanzen wuchsen und so ein natürliches Ufer für den schönen Teich formten.

Ein großes Holzfloß erstreckte sich wie eine Halbinsel in das an diesem Tag den Himmel reflektierende Wasser und ich fühlte mich eingeladen, den Tagesanbruch und die frühen Morgenstunden dort in Meditation zu verbringen.

Ich war eben daran, ins Haus zurückzukehren, als Amma, gefolgt von einem Dutzend meiner Amma-Schwestern, zum

Baden erschien. Sie setzte sich neben mich aufs Floß und vertiefte sich mit einer jungen Amerikanerin in ein Gespräch über Beziehungen und Kinder. Ich hörte aufmerksam zu, hatte ich doch sowohl Beziehungen als auch Kinder und vernahm die folgenden Worte von Amma: „Für dich Beziehung ja, Kinder aber besser nicht, denn wie wärst du fähig, sie in deiner Situation ausreichend zu lieben?"

In diesem Moment veränderte sich mein Bewusstsein. Das Schwimmbecken verschwand und das Floß mit Amma löste sich auf. Ich wurde in mein Leben und meine Empfindungen als junge Frau zurückversetzt, tauchte in meine Gefühle und Emotionen von damals ein, sah meine Bemühungen, als Frau und Mutter alles richtig zu machen, verspürte meinen innigen Wunsch, die Kinder und meinen Partner mit all meinen Sinnen zu lieben und glücklich zu machen. Gleichzeitig wurden in diesem Moment und durch Ammas Anwesenheit alle meine Begrenzungen und mein Unvermögen zu wahrer Liebe offengelegt. Ich spürte den Schmerz des Gefangenseins in einem vom Mind beherrschten Körper, die dadurch begrenzte Liebesfähigkeit und die Verletzungen, die wir Menschen einander deswegen zufügen, so stark, dass ich in lautes Weinen ausbrach.

Ich weinte für meine Kinder, meine Familie und alle Kinder und Familien dieser Welt. Ich weinte über mein Gefängnis und über die Begrenzungen und Gefängnisse aller Menschen, und ein Schmerz, für den ich noch heute keine Worte finde, überrollte mich. Ich fühlte mich schuldig und wusste gleichzeitig, dass ich nicht schuldig war und dieses Schicksal mit der Menschheit teilte.

Ich nahm wahr, dass Amma sich ausstreckte und ihre Füße in meinen Schoß legte. Sie festhaltend, benetzte ich sie mit meinen Tränen, die unaufhaltsam mit dem nicht enden wollenden Schmerz in meinem Herzen flossen.

Als die Tränen nicht versiegen wollten, forderte mich Amma mit einem energischen „Stand up!" zum Aufstehen auf, hielt mich eine Weile fest in ihren Armen und schubste mich plötzlich mitsamt meinen Kleidern ins Wasser, wo ich tief untertauchte und

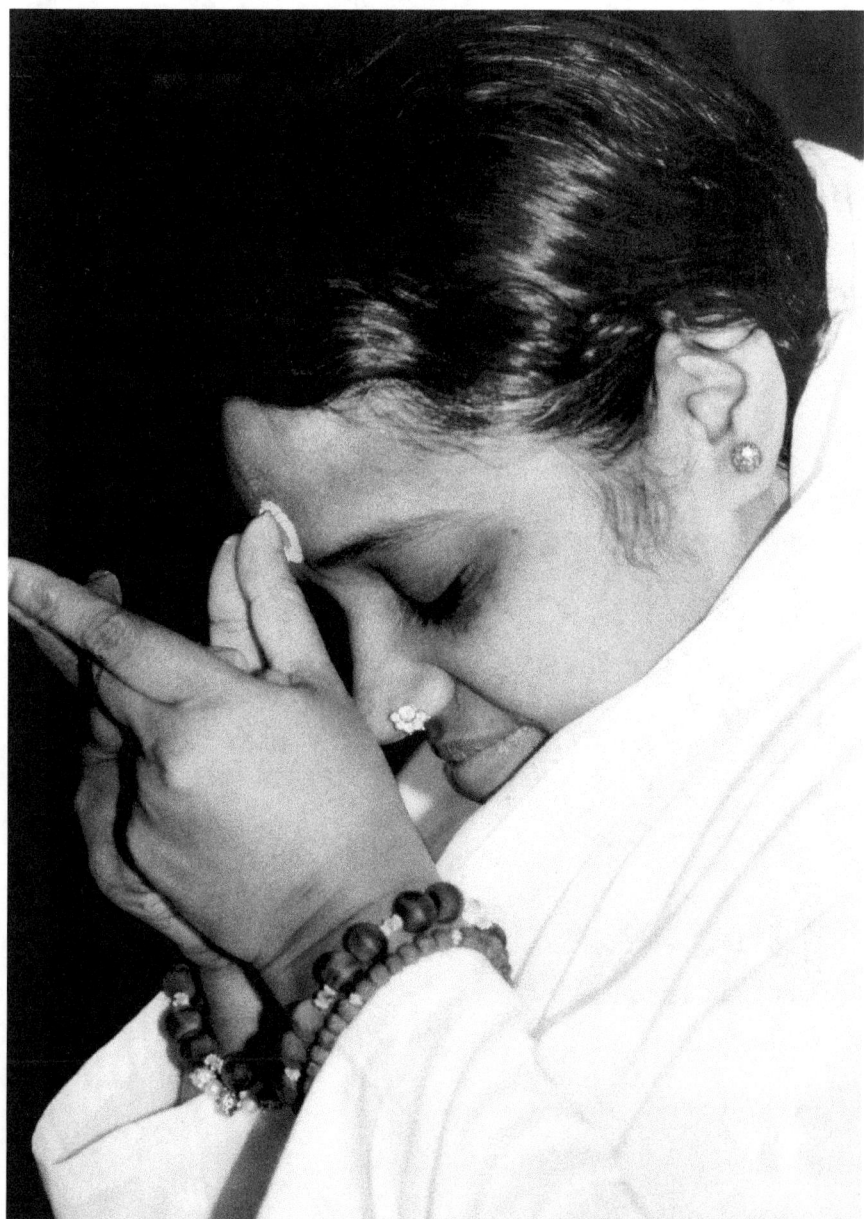

weinend weiter schwamm, bis ich das gegenüberliegende Ufer des Teiches erreicht hatte. Dort versteckte ich mich unter den großen Blättern am Beckenrand.

Inzwischen waren Amma und die anderen ins Wasser gestiegen, formten einen Kreis und der Gesang des Gayatri-Mantras erreichte mich. Er floss in mich wie eine Tröstung des Himmels, berührte liebkosend und kraftvoll mein Herz und beendete mein Weinen. Ich schwamm aus meinem Schutz hervor, begab mich zu Amma und fügte mich rezitierend in den heilenden Kreis ein.

27

DER RING

Schenk mir die Gnade,
Mich zu beugen tief zur Erde,
Damit mein Leben Wurzeln schlage
Im Acker Deiner Liebe.

Prabha

Meine erste Tochter habe ich in Südafrika geboren und in dankbarem Glück schwebend bestaunte ich das neue Menschenkind. Mein Mann schenkte mir zur Geburt einen zauberhaften Ring. Er sah aus wie eine kleine Blume, die Mitte bestand aus einem blauen Saphir. Um dieses Zentrum leuchteten Blütenblätter aus glitzernden Diamanten. Mir kam es vor, als funkelten sie von unserer Liebe und der Freude über die kleine Familie, die wir jetzt waren.

Ich war mir sicher, dass ich diesen Ring, ein kostbares Zeugnis unserer Liebe, ein ganzes Leben lang tragen würde, sah mich blitzschnell in Gedanken als Großmutter mit dem Schmuckstück an runzeliger Hand und erlebte einen Moment tiefer Verbundenheit und paradiesischen Heilseins.

Leider sah die Realität dann anders aus. Wir trennten uns, als die Kinder größer wurden, und der Ring an meinem Finger erinnerte mich schmerzlich an das, was ich nie für möglich

gehalten hätte. Ich trug ihn nicht mehr und als ich viele Jahre später Amma begegnete, legte ich eines Tages meine von Glück und Trauer geprägte Kostbarkeit in ihre Hand.

Zu dieser Zeit wurde Amma an Devi Bhava oft mit einem Ring, den man ihr geschenkt hatte, geschmückt und so kam es, dass Swamini mir eines Tages ins Ohr raunte: „Dein Schmuck liegt immer noch in Ammas Zimmer, er wurde noch nicht weitergegeben. Pass auf, vielleicht trägt sie ihn heute Nacht."

Gegen Ende des Devi Bhava reihte auch ich mich in die Warteschlange ein und als ich vor Amma kniete, bewegte sie unauffällig ihre Hand vor meinen Augen. An ihrem Mittelfinger glänzte der Ring und zeugte von meiner Familie, die ich auf diese Weise beschützt und gesegnet in Ammas Händen sah.

Danach meditierte ich lange neben Amma. In meinem Inneren zogen die Stationen meines Lebens vorbei und über mein Glück und mein Unglück legte sich sanft ein kühlender Schleier von Annahme und Vergebung. Wie von selbst stellte sich die Gewissheit ein, dass mein Leben nur zu einem kleinen Teil in meiner Hand lag und dass ich, über meinen persönlich aufgebauten Lebensgarten voller Sonnenblumen und Unkraut hinaus

von einer mächtigen, zeitlosen Bewusstseinskraft gelenkt wurde. Später verloren sich meine Gedanken allmählich und still sah ich zu, wie Amma mit ihrer Umarmung die Liebe und das Licht im Herzen der Menschen berührte.

Einen Monat später fuhr ich mit Amma auf Europatour. Damals waren die Hallen und auch unsere Reisegruppe klein und wir wurden meist zusammen mit Amma in Privathäusern untergebracht.

Das Programm in Italien, im großen Haus einer spirituellen Gemeinschaft in der Nähe von Assisi, war das Highlight unserer Reise durch sieben europäische Länder. Eingebettet in sanfte, mit gelben Ginsterbüschen überzogene Hügel lag geborgen und gemütlich das große alte Steinhaus und nahm die mehrtägige Flutwelle von freudigen Amma-Anhängern gelassen entgegen. In seinen Räumen summte das Leben während dieser Tage wie in einem Bienenstock. In Küche, Haus und Garten wurde konzentriert gearbeitet, Mantren begleiteten das emsige Tun, legten Frieden über die Gemeinschaft, strahlten wie Wellen aus in den Äther, öffneten unsere Sinne für die Schönheit der Natur und eine tiefe Dankbarkeit für das Zusammensein mit Amma.

Der Darshan fand in einem großen weißen Zelt statt. Zu seinem Aufbau hatte man mit Baumaschinen dem Hügel einen großen, rechteckigen und topfebenen Platz abgewinnen müssen. Tagsüber war das Zelt meist auf beiden Längsseiten offen und erlaubte Amma während des Darshans den Blick in eine biblisch anmutende Landschaft. Ein von südlichen Kräutern geschwängerter Wind durchzog die Darshanreihen, kühlte die am Boden sitzenden Besucher und trug den Klang der Bhajans über das Land.

Nach vier Tagen zog Amma weiter an den nächsten Programmort in Südfrankreich. Die Menschen sangen, lachten und weinten, als sich die Wagenkolonne langsam in Bewegung setzte. Im Fond des vordersten Fahrzeugs saß Amma, durch das offene Fenster den Zurückbleibenden ein letztes Mal ihre Hand für eine Berührung anbietend.

Ich blieb noch einen Tag länger in Assisi, um die Küche auf-
zuräumen, und reiste am nächsten Tag mit dem Zug nach Paris,
wo in einem Vorort meine Hilfe beim Einrichten der Zimmer für
Amma und ihre Mitreisenden gebraucht wurde. Was ich nicht
wusste, war, dass mein Ring Amma begleitete, um am nächsten
Devi Bhava noch einmal an ihrem Finger zu glänzen.

Ich war nicht dabei, als Amma in Südfrankreich am Ende des
Devi Bhava die Anwesenden mit Blütenblättern segnete. Aber als
Amma mit ihrer Begleitung in Paris eintraf, wurde mir sogleich
erzählt, dass sie am Ende von Devi Bhava mit der Blütenpracht
auch meinen Ring, der für ihre feine Hand etwas zu groß war, in
die feiernde Menschenmenge geworfen hatte. Und nun sei der
Ring verschwunden, sagte man mir und Amma sei sehr traurig.

Am Ende der Europareise durften einige von uns Amma in
ein kleines, abgelegenes Haus im Elsass begleiten, das unser erster
Ashram in Europa war und später aufgegeben wurde. Uns Privi-
legierten war strikt untersagt, sich Amma an diesem Ruhetag zu
nähern, aber als ich mich gegen Abend neben dem Haus durch

den Garten schlich, sah ich zu meiner großen Überraschung Amma im Obstgarten ganz alleine unter einem Apfelbaum sitzen.

Ihre weiße Gestalt strahlte Stille und leuchtenden Frieden aus, und ich nahm sie in diesem Moment wie eine die Natur behütende Erdenmutter wahr. Und diese Erdenmutter lächelte mir zu und winkte mich mit einer Handbewegung zu sich heran. Scheu setzte ich mich vor ihr ins Gras. Nach einer Weile hatten

sich weitere Personen zu uns gesellt und Amma durchbrach die Stille, um uns eine Geschichte zu erzählen.

Ihre Worte wurden gleichzeitig von einem Swami für uns übersetzt, als sie begann: „Eine von euch hat Amma einen wunderschönen Ring geschenkt. Dieses Schmuckstück war nicht nur aus Gold und Edelsteinen gefertigt, in ihm war auch das Herz dieser Person enthalten und darum schenkte sie Amma mit dem Ring auch ihr Herz. Aber was macht Amma mit diesem Herz? Sie verliert es!"

Hier hielt Amma in ihrer Erzählung inne und machte ein dramatisches Gesicht, um nach einer Pause lachend fortzufahren: „Amma ist sehr glücklich, denn der Ring wurde in den Tausenden von Blütenblättern auf dem Boden der Halle wiedergefunden und darum ist dieses Herz wieder ganz nah bei Amma!"

Am nächsten Tag auf dem Flughafen legte jemand den Ring in meine Hände mit den Worten: „Hier ist dein Ring." Mein Ring? Für mich hatten diese Worte eine ganz andere, viel tiefere Bedeutung als Metall und Stein. Amma hatte in ihm mein Herz geschaut und dieses Herz zu sich genommen. Leichtfüßig brachte ich das Schmuckstück Swamini Krishnamrita zum Verkauf, denn wie sollte ich mein Herz Amma ein zweites Mal schenken?

Sechs Monate später saß ich auf dem Boden der Darshanhalle in Ammas Ashram auf La Réunion und war umgeben von einem Dutzend Frauen der Insel, die mir halfen, Vibhuti in kleine, mit dem Logo des Ashrams bedruckte Papiertüten abzufüllen. Wir arbeiteten sorgfältig und freudig, stellten uns vor, dass Amma bald die Früchte unserer Arbeit in ihrer Hand halten und verschenken würde, und genossen unsere Arbeit in ihrer Nähe.

Doch mitten im Vorbereiten der Vibhuti-Päckchen hielt ich unvermittelt inne, staunte und konnte kaum glauben, was ich sah. Eine der Frauen in unserem Kreis trug den Ring. Er war es, ganz ohne Zweifel. Erstaunt und erfreut verfolgte ich die Bewegungen einer zierlichen Hand, die mit einem kleinen Löffel graue Asche in kleine Tüten abfüllte, ließ das Glitzern von Saphir und Brillanten auf mich wirken und, ohne mein Geheimnis preiszugeben, wandte ich mich an die Helferin und sagte begeistert: „Du hast einen wunderschönen Ring!"

Da schauten mich zwei glückliche Augen an und lächelnd erwiderte die Frau: „Ja, er ist wirklich wunderschön, und stell dir vor, man sagte mir, dass Amma ihn sogar getragen hat. Mein Mann hat ihn mir zur Geburt unseres ersten Kindes geschenkt!"

Ich arbeitete lächelnd weiter und freute mich an der Ring-Geschichte, die, denke ich, auch heute noch nicht zu Ende ist.

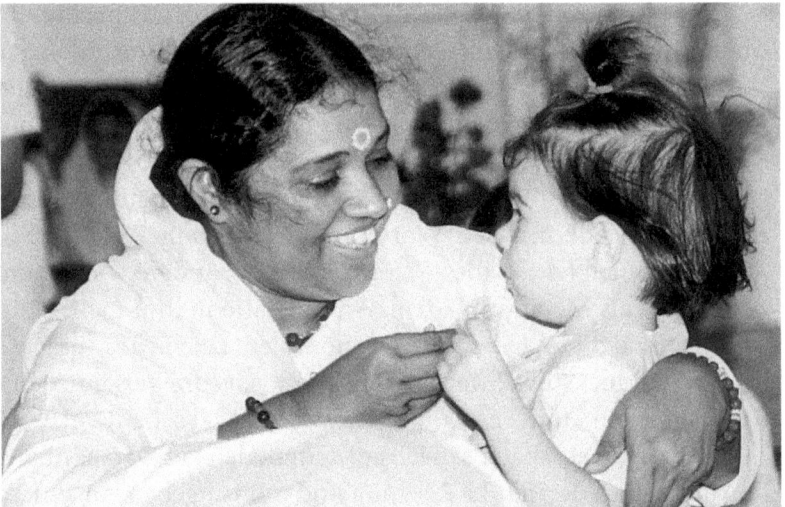

Komm, meine blaue Sehnsuchtsamma,
Lass uns zusammen Tag verbringen und auch Nacht.
Lache mit mir und weine.
Reich mir die Hand, wenn ich irre.
Verwandle mich im Schoß Deines Seins.

Prabha

28

AMMAS KARTEN

Rufe und erwarte nicht.
Sei RUFEN,
Dann bin ich da.

Prabha

Ich hatte oft das Amt der Fotografin, wenn Amma ein Hochzeits-
paar mit einem traditionellen Ritual segnete. Am Anfang dieser
Zeremonie schmücken Braut und Bräutigam Amma gemeinsam

mit einer Mala, einer kunstvoll gearbeiteten Girlande aus frischen Blumen, um sich dann links und rechts vor Amma niederzuknien. Dies ist die Einleitung zu einem farbenfrohen Ritual, das trotz des sich gleichbleibenden Ablaufs immer persönlich und fröhlich ist. Am Schluss wirbeln Blütenblätter und Reiskörner um das Paar und mit der Flamme im Arati-Löffel, die jedem von Amma persönlich in die Hand gegeben wird, segnet sich das Paar gegenseitig, verneigt sich voreinander, um dann gemeinsam in Ammas Arme zu sinken.

Ende der Neunzigerjahre fotografierte ich die Hochzeitsze-remonie eines Paares aus Trivandrum und als ich Amma später die Fotos zur Begutachtung überreichte, hielt sie plötzlich beim Betrachten inne, reichte mir ein Bild aus dem Stapel und sagte: „Das möchte ich im Ashramladen verkaufen."

Auf dem Foto war eine introvertierte, mit geschlossenen Augen, in ewigem Frieden sitzende Amma zu sehen. Ihre offenen Hände waren voller Blütenblätter, eine weiße Mala zeichnete ein Herz auf ihre Brust.

Was sah Amma auf diesem Bild, was ich nicht sehen konnte? Amma wusste ganz bestimmt, dass sich die Bilder am besten ver-kauften, die wir den ‚directlook' nannten, die seltene Kostbarkeit eines Fotos, auf dem Amma den Betrachter direkt anschaut.

Ein Bild von Amma mit geschlossenen Augen gab es nicht im indischen Verkaufsladen und auch mein Bild wurde trotz Ammas Wunsch vehement abgewiesen. Ich kopierte es noch einmal, um es in meine Fotomappe einzureihen, in der es viele Jahre lang schlief und nie für eine Publikation ausgewählt wurde.

Als ich dann, fast fünfzehn Jahre später, die Fotos für ein Weisheitskartenset für den Verkauf auf Ammas Europa- und Amerikatouren zusammenstellte, wollte ich Ammas Wunsch erfüllen und wählte dieses Bild ganz bewusst für das Set aus. Endlich sollte es aus seinem Dornröschenschlaf in meiner Foto-mappe erweckt werden.

Wenn ich das Foto heute betrachte, werde ich an das Gebet für Frieden und Harmonie in der Welt erinnert. Vor einiger Zeit hat Amma dieses Gebet etwas ergänzt, und zwar sollen wir uns nun während des Betens der Sanskritworte „Lokaha samastaha sukhino bhavantu" (Mögen alle Wesen in allen Welten glücklich sein und Frieden finden) weiße Blüten des Friedens vorstellen. Sie fallen vom Himmel auf die Erde, fallen auf Berge und Täler, auf Land und Wasser, auf alle Städte und Dörfer, auf Bäume und Blumen, auf Mensch und Tier, auf jedes Lebewesen und auch auf uns selber. Sie decken die ganze Erde mit ihrem Frieden zu. Und ich denke mir: Sieht Amma auf diesem Bild nicht aus wie die Göttin des Friedens, bereit, die Blüten in ihrer Hand über die Erde zu streuen?

Auch ein zweites, für mich wichtiges Bild fand seinen Weg in die Auswahl für die Karten. Es war das erste meiner Fotos, von dem ich glaubte, in Ammas Augen den Blick in die unendliche Wahrheit des einen Seins zu entdecken. Es entstand während einer Zwischenrast auf dem Weg zu einem Programm und war für mich das Bild eines Mahatma, einer großen Seele, die in aller Einfachheit das Licht verkörpert, das in die Dunkelheit der Menschheit leuchtet und immer da ist – jeden Tag und jede Nacht, während aller Phasen des Mondes und bei jedem Sonnenstand!

183

Ich hielt oft Zwiesprache mit Amma auf diesem Bild, tauchte ein in ihren Blick, erzählte ihr von mir und hatte viele Fragen, die oft in der Tiefe ihrer Augen Antwort fanden.

Im Sommer 2010 war mein Projekt so weit gediehen, dass ich die Karten mit den Fotos, einem Büchlein mit Ammas Worten und eine dazugehörige kleine Schachtel einer Bekannten aus Bern, die zu Ammas Programm in den USA reiste, mitgeben konnte. Die Karten kamen nie zurück, aber Ammas Zustimmung für mein Projekt erreichte mich, machte mich glücklich und gab mir den nötigen Schwung zur Feinarbeit.

Im Herbst war dann ein zweites Muster bereit, um mit mir auf Ammas Europatour zu gehen, wo ich es eines Tages Swamiji zur Begutachtung zeigte. Er schaute flüchtig auf die ersten Karten und fragte nur, ob hier die ursprünglichen Amma-Worte stehen würden, so wie sie im Verzeichnis vermerkt wären. Als ich verneinte und sagte, ich hätte alle Amma-Bücher nochmals gelesen und darüber reflektiert, um daraus die Worte für den Westen zusammenzustellen, meinte er, dann müsse er die Karten Amma nochmals vorlegen.

Ich muss zu meiner Schande gestehen, ich hegte in diesem Moment eine ganze Menge zwiespältiger Gefühle gegenüber Swamiji und glaubte nicht dass er Amma die Karten zeigen würde. Vielmehr dachte ich, dass er mir einfach von sich aus ein nein überbringen würde.

Am selben Abend überraschte mich Swamiji bei der Arbeit am Computer, noch bevor Amma zum Satsang und den Bhajans erschien. Er legte die mit Lotusblumen verzierte Schachtel vor mir auf den Tisch und sagte wohlwollend: „Amma möchte diese Karten und sie hat eine Lieblingskarte. Öffne die Schachtel, sie liegt obenauf!"

Langsam öffnete ich fast ehrfürchtig den Deckel und eine Welle der Freude erfasste mich. Amma hatte die Karten tatsächlich gesehen und auf ihrer Lieblingskarte war das Bild zu sehen, das sie vor so vielen Jahren geliebt und zum Verkauf ausgesucht hatte. Ich war erfüllt von Dankbarkeit! Amma hatte mich gehört, meine Zweifel vernommen und meine Arbeit ganz angenommen. Sie zeigte es mir mit der Wahl des Bildes, das dadurch zu etwas wie einem geheimem Code zwischen uns wurde. Oder hatte sie vielleicht das Intermezzo mit Swamiji eigens inszeniert, um mir ihre immerwährende Präsenz bewusst zu machen?

Glücklich wollte ich die Schachtel schließen, als Swamiji beiläufig sagte: „Amma hat eine zweite Lieblingskarte."

Unter Ammas Lieblingskarte kam die meine zum Vorschein und in mir wallte ein Gefühl der unendlichen Verbundenheit zu dem Wesen auf, das mich immer erkennt und die Grundlage ist, auf der ich mein Leben aufbaue.

Worte von Robert Adams, einem amerikanischen Weisheitslehrer, kamen mir in den Sinn:

„Alles, was ein Meister tut, tut er nur für deine Verwirklichung. Denke nie, dass ein Meister denkt wie du oder die Dinge tut, wie auch du sie tust. Versuche darum nicht, einen Weisen oder seine Methoden zu verstehen. Liebe ihn einfach, das ist alles, was du tun musst. Indem du den Weisen liebst, liebst du dein eigenes innerstes Selbst."

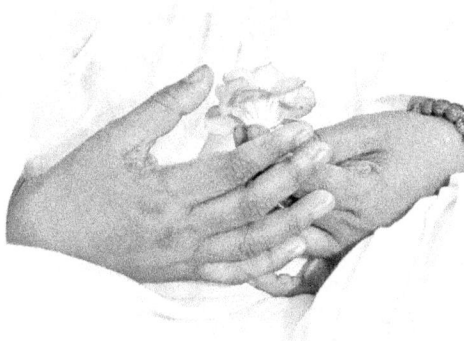

29

EIN SPIEL

Du siehst in der Welt immer das,
was du in sie hineinprojizierst.

Amma

Auch unbedeutende Dinge können uns Lehrer sein, wenn wir sie mit den richtigen Augen betrachten. Ich hatte langes, hennarotes Haar, als ich Amma auf einem Berg in der Schweiz zum ersten Mal begegnete. Sie waren mein Markenzeichen. Ich war ‚die Große mit dem glänzenden Haar‘.

Diese Worte hatten ihre Bedeutung, als ich in jungen Jahren in Paris für einen Modeschöpfer als Model arbeitete. Damals schlüpfte ich, ohne zu zögern, in mir angepasste Designerkleider, ließ mir von Starcoiffeuren die Haare machen und führte einem großen, interessierten Publikum die teuren Modelle vor.

Mittlerweile war ich 47 Jahre alt, meine Töchter bald zwanzig, und ich arbeitete unter anderem als Flötenbauerin und Lehrerin an einer Musikschule. Für mich war klar, dass ich mich nicht mit rot leuchtender Haarpracht in Ammas indischem Ashram einfinden würde. Ich wollte einfach sein und weder auffallen noch aus der Reihe tanzen.

Darum vereinbarten meine Freundin und ich einen Haar-
schneidetermin in ihrer kleinen Alphütte, hoch oben nahe dem
ewigen Schnee, wo die Kühe im Sommer das Gras der weiten son-
nenbeschienenen Weiden fraßen und die Bergdohlen am Himmel
kreisten. Wir schichteten neben der Hütte ein großes Feuer auf.
In ihm sollte mein Haar rituell verbrannt werden und mit ihm
all das, was mich an meiner Entfaltung in Indien hindern würde.

Meine Freundin war eine flinke Self-made-Coiffeuse und
schon bald wehte der kühle Bergwind in mein kurzes Haar und
suchte vergeblich nach roten Strähnen zum Zerzausen und Spielen.

Unterdessen hatte sich das Feuer meiner geopferten Haarpracht angenommen und erstaunt beobachteten wir zwei Frauen,
wie viel brodelnde Lebenskraft in meinem Haar verborgen war
und von den lodernden Flammen in Asche verwandelt wurde.
Welch ein Prozess der Transformation, dachte ich und träumte
mich in meine Zukunft im Ashram, hoffend, dass in Ammas Feuer
meine negativen Altlasten aus alten Prägungen und Gewohnheiten ebenso verbrennen würden wie mein geopfertes Haar.

Die Erfahrung, dass der Prozess nicht ganz so schmerzlos vor sich gehen würde wie die Transformation der Pracht auf meinem Kopf, wartete noch unentdeckt auf mich.

Ich traf dann mit kurzem, von weißen Fäden durchzogenem Haar in Indien ein und war trotz sorgfältiger Vorbereitung neben den indischen Frauen mit ihrem langen, schwarzen, zu einem Zopf oder Knoten geflochtenen Haar eine bleiche Außenseiterin. Um es kurz zu machen: Nach einigen Monaten und Jahren wuchs auch mein ergrauendes Haar wieder zu der stolzen Länge heran, aus der sich Zopf und Knoten flechten ließen, und ich lebte mit nassem, trockenem, flink aufgestecktem, geflochtenem oder zusammengebundenem Haar, ohne Haartrockner und Spiegel, meinen nie langweiligen Ashramalltag.

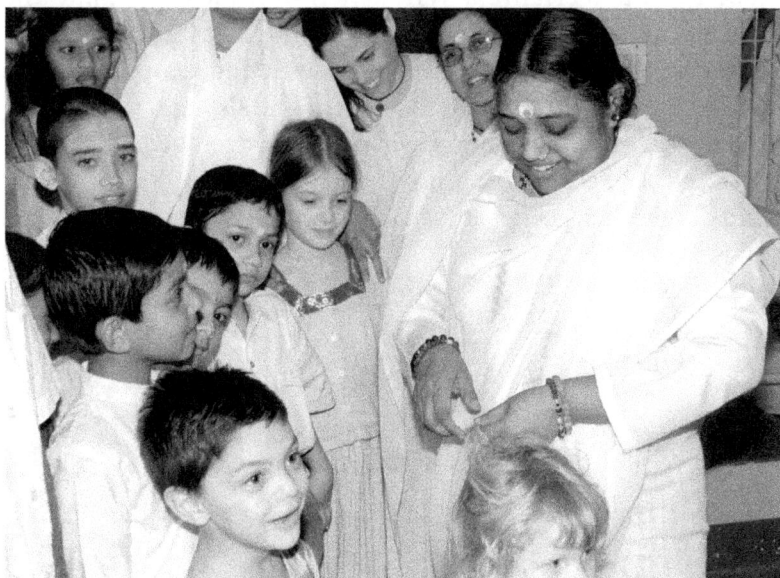

Nachdem ich viele Jahre lang den Sari getragen hatte und mich wenig um meinen Haarstil kümmerte, zog eine Frau mit einem Kurzhaarschneider im Ashram ein. Ihr Haar war sehr kurz und weiß und ich fand es einfach wunderbar. Es sah nach Freiheit aus und Zwanglosigkeit und weil ich mittlerweile erlebt hatte, dass mich auch längeres Haar in keiner Weise in die indische Kultur integrieren würde, träumte ich von der kurzhaarigen Sorglosigkeit.

Die indischen Mädchen versicherten mir zwar, langes Haar funktioniere wie Antennen für unsichtbare Energien und würde mich mit hochsensiblen Kräften verbinden. Ihre Überzeugungsarbeit aber schlug dann fehl, als Amma in Australien weilte, ich etwas mehr Zeit hatte und die Frau mit dem Kurzhaarschneider eines Nachmittags freudig auf mich wartete.

Mein Haar fiel und ich gefiel. Aber nur mir und einigen wenigen westlichen Menschen. Die Inderinnen meinten, Amma würde bestimmt mein Haar gar nicht mögen und mich eventuell sogar zurechtweisen.

Dass Amma unser Verhältnis zum Körper nicht egal ist, habe ich öfters erfahren. Wir sollten ihm Pflege, Anmut und Gesundheit durch Yoga und saubere Kleidung geben, ganz selbstverständlich und ohne viel Zeitverschwendung, denn der Körper sei Tempel und Instrument für unsere Entfaltung.

Amma selber ist immer perfekt angezogen, jedoch Schnitt, Stoff und die weiße Farbe ihres Kleides, das aus drei Teilen besteht, sind die gleichen geblieben, seit ich Amma 1989 kennenlernte: ein

einfaches, an der Taille gefälteltes, weißes Kleid, ein ärmelloses Unterkleid und ein langes, hauchdünnes Stück Stoff als Halbsari darüber drapiert.

Als ich Amma noch nicht kannte, prophezeite mir eine hellsichtige Frau aus England, dass ich einen Menschen in Uniform heiraten würde. Ich wehrte mich vehement gegen diese Vorstellung und erklärte der liebenswürdigen Dame, dass ich das ganz sicher nicht tun würde, denn blitzschnell reihten sich vor meinem inneren Auge Militärs, Polizisten, Portiers, Kirchendiener und andere uniformierte Personen in ihren Roben auf und mein Begeisterungspegel blieb stabil auf null.

Obschon ich während der kommenden Jahre niemanden aus diesen Reihen heiratete, schloss ich doch meinen Bund fürs Leben mit einem Wesen in Uniform: Amma. Ihr fließendes Kleid ist Teil ihrer irdischen Verkleidung und an ihr weiches Weiß schmiegen sich Tausende.

Als Amma dann aus Australien nach Amritapuri heimkam, stand ich mit vielen anderen neben ihrem Haus. Ich hatte einen winzigen Platz auf der kleinen Stufe des Wassertanks ergattert und schaute gebannt zur Hausecke, an der Amma nach ihrem langen, von einer freudigen Menschenmenge gesäumten Weg von der Bootsanlegestelle an den Backwaters bis zu ihrem Zimmer erscheinen würde.

Wenn ich in diesem Moment, im Gegensatz zu vielen anderen, die darauf warteten, dass Amma mir eine Rüge erteilen würde, eines ganz sicher vergessen hatte, so waren das meine kurzen Haare.

Meine Augen waren gebannt auf den Ort von Ammas Erscheinen gerichtet. Ich hatte Heimweh nach ihr und eine erwartungsvolle Freude durchströmte mich.

Dann war SIE da, richtete ihre Aufmerksamkeit direkt auf mich und rief mit ihrer dunklen, klingenden Stimme:

„Prabha, Australia too many photographers, zu viele Fotografen. Click, click, click! No good! Nicht gut!"

Und ich antwortete, als sie in meiner Nähe vorbeiging: „Waren wenigstens die Bilder gut?"

Amma zuckte mit den Achseln und verzog ihre Miene: „I don't know! Ich weiß es nicht!"

Könnt ihr euch vorstellen, welch köstliches Spiel unzähliger Projektionen Amma mit diesen Worten inszeniert hatte? Hunderte sahen in Erwartung eines Kommentars über mein kurzes Haar unserem intensiven Wortwechsel zu, studierten Ammas Mimik, ohne ihre Worte zu verstehen, und interpretierten in die Szene Ablehnung für meinen neuen Haarschnitt.

Darum wurde ich von allen Seiten bestürmt, als Amma in ihrem Zimmer verschwunden war, und erlebte staunend ein interessantes Gratis-Theaterstück, inszeniert auf der Bühne vieler verschiedener Gedankenwelten. Jede und jeder Anwesende projizierte seine eigene Version und Schau in das Gesehene und in einem kleineren Maßstab sah ich das, was uns die Meister lehren, vor mir entstehen: „Das Leben ist in Wirklichkeit nicht so, wie es dir erscheint, was du siehst, ist eine Projektion deines Minds."

Auch mein Leben spielt sich auf dieser Bühne ab. Es ist ein Film, der über die weiße Leinwand des reinen Bewusstseins flimmert, das ich in Wirklichkeit bin. Amma setzt mit ihrer Liebe und ihrer Lehre in diesem Film wichtige Voraussetzungen für meinen Weg des Dienens, des Liebens und Annehmens, des Voranschreitens zur Wahrheit und der Freude, die da ist, wenn ich mein Leben als Spiel im allumfassenden Bewusstsein sehe, das mich trägt und hält.

Sein sei angesagt, sagt sie, unschuldiges Sein wie das eines Kindes, einfaches Sein, mit mir, so wie ich bin und nicht so, wie ich mir vorstelle, dass ich sein sollte. Einfach sein, ohne alles verstehen zu wollen, denn mein Herz weiß: Ich bin ein Funke des göttlichen Lichts.

„Sie war ein Model in Paris", sagte Amma kürzlich zu den Umstehenden, „jetzt modelt sie nur noch für Gott!"

Ich spiele das Spiel von Vorstellung und Meinung,
Von Denken und Wünschen,
von Vergangenheit und Zukunft.
Ich spiele das Spiel von abgrundtiefem Leid
Und tanzender Freude,
Das Spiel meiner Reise zum Spiel ohne Spieler,
Wo hinter tausend Toden Du und ich eins sind
Im offenen Raum des Herzens.

Prabha

30

LEKTIONEN IN LOSLÖSUNG

Mein Hirn brabbelt im unendlichen Strom
brabbelnder Worte der Menschheit,
und eigene Worte sind eingesperrt
unter der Maske des Schlafes,
in den mich meine Gedanken wiegen
und mich trennen
vom Licht des Lebens.

Prabha

Wenn du einen Schritt zurücktrittst, nimmst du die Dinge aus einer anderen Perspektive wahr, als wenn sie direkt vor deiner Nase tanzen, denn in dem leeren Raum, der sich zwischen dir und dem Geschehen auftut, erweitert sich dein Schauen.

Losgelöstheit nennt Amma diese Art, den Dingen zu begegnen, und der Abstand, den wir dadurch gewinnen, ermöglicht uns, in einer Situation besonnen zu handeln anstatt nur zu reagieren. Auf diese Weise werden wir zum Beobachter unseres Lebens.

Es brauchte einige Lektionen von Amma und ich übe mich immer noch darin, um diesen Beobachter in mir zu aktivieren, denn ich war seit meiner Kindheit gewohnt, je nach Situation, blitzschnell eine Schutzhaltung anzunehmen oder auf die Barrikaden zu steigen. Auf diese Weise gab ich meinem Ego die Gelegenheit, meinen Weg zu bestimmen, war blind von ihm manipuliert und vollkommen in seiner Hand.

Ich lebte schon einige Monate im Ashram, als meine Tochter Lisa im Jahr 1991 zwanzig Jahre alt wurde. Zur Feier dieses Tages wollte ich eine besondere Karte für Amma entwerfen und suchte dazu in meinem Fundus nach Bildern, die sich für so ein Kunstwerk eignen würden. Ohne Computer und Photoshop war dieses Unterfangen reine Handarbeit und ich war erst zufrieden mit meiner Kreation, als mir meine Tochter Lisa neben Amma aus einer weißen Lotosblüte entgegenblickte.

Nun mussten nur noch die Worte für Amma in Malayalam ihren Platz finden. Ich nahm die Hilfe einer Inderin in Anspruch und bat sie, auf die Rückseite meiner Collage Folgendes zu schreiben: Liebe Amma, dies ist meine Tochter. Sie wird heute zwanzig Jahre alt. Bitte segne sie!

Amma saß schon auf dem Peetham in der Darshanhütte, als ich durch die hintere Türe eintrat. Ein älterer Inder sang wehmütige Lieder an Krishna und begleitete sich auf dem Harmonium. Seine sanfte, aber eindrückliche Stimme erfüllte den Raum und berührte die Menschen, die still, einer nach dem anderen, zu Amma vorrückten.

Bald kniete auch ich vor ihr, hielt ihr meine Karte mit solcher Inbrunst entgegen, als wäre sie meine 20-jährige Tochter selbst und sank in die liebende Umarmung. Auf diese wunderbare Weise geborgen, stellte ich mir vor, wie Amma das Bild betrachtete, malte mir aus, wie sie meiner kleinen Lisa direkt ins Herz schaute und sie ihren Segen spüren ließ.

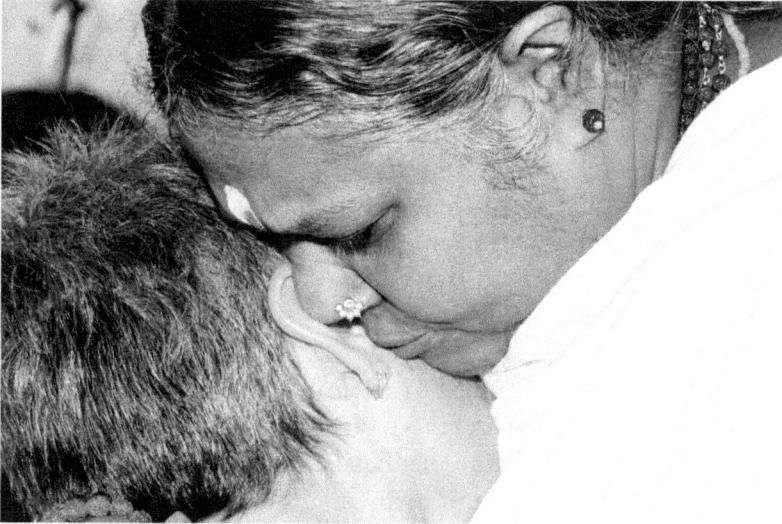

Ich wurde unverhofft aus meiner Träumerei gerissen, als Amma die Umarmung löste, mir Lisas Geburtstagsbild vor die Nase hielt und mich mit nüchterner Stimme fragte: „Prabha, who is this lady? Wer ist diese Frau?"

Ich erschrak. Ich flippte aus. Ich verstand die Welt nicht mehr! Im Bruchteil einer Sekunde wurde mein schön durchdachtes Geburtstagsszenario von Amma vernichtet. Sprachlos und vor den Kopf gestoßen versank ich in einem zerstörerischen Abgrund. Hatte sie nicht gelesen? Nicht verstanden? Nicht gesehen? Oh Gott, was war falsch? Die Wortwahl? Das Bild? Die Welt? Oder Amma? Wie angewurzelt kniete ich vor ihr, keiner Regung und keines Wortes fähig und spürte, wie Amma mich sanft und gleichzeitig bestimmt von sich schob.

Mit zittrigen Schritten fand ich den Ausgang der Hütte und heulend setzte ich mich neben der Holzwand in den Sand. Ich weinte verzweifelt, bis sich mein innerer Schmerz und mein Entsetzen in eine große Ruhe verwandelt hatten. Stille breitete sich in meinem erregten Gemüt aus und in dieser Stille nahm ich die Verwandlung wahr, die Ammas Worte in meiner Beziehung zu Lisa bewirkt hatten. Sie hatten meine Sicht verändert und zum ersten Mal sah ich meine Tochter als eine unabhängige, dem Leben zugewandte junge Frau und nicht primär als mein Kind.

Amma hatte das Band meiner längst nicht mehr angemessenen Mutter-Tochter-Verbindung durchtrennt, indem sie mir meine emotionale Anhaftung an meine Tochter vor Augen führte, die gar nicht mehr der augenblicklichen Situation entsprach. Auf ihre einmalige Art half sie mir, die Losgelöstheit zu erlangen, die mir die Möglichkeit gab, die Fürsorge für meine Tochter in neue Hände zu legen, nämlich in ihre eigenen und in diejenigen des Lebens selbst.

Amma arbeitet nicht nur an mir, wenn ich in ihrer physischen Gegenwart bin, denn ein ähnliches Geschehnis trug sich Jahre später in unserem Ferienhaus an der italienischen Riviera zu. Ich verbrachte dort mit meinem damals neunzig Jahre alten Vater wunderbare Sommertage, während Amma auf ihrer Amerikatour weilte.

Ein Leben lang hatte mein Vater die Angewohnheit gehabt, gefährliche bis äußerst gefährliche Dinge zu tun, um meine Aufmerksamkeit zu gewinnen. Wenn ich dann um ihn bangte und ihn voller Angst anflehte, doch bitte aufzuhören, muss er sich wohl geliebt gefühlt haben, denn er wiederholte dieses Spiel immer wieder.

Dieses Mal entdeckte ich ihn zu meinem Entsetzen in kurzen Hosen mitten in den Königsagaven, die in einer Ecke des großen Gartens wuchsen. Er wollte mit einer Säge einigen der riesigen Kakteenblättern zu Leibe rücken. Wer diese riesige Pflanze kennt, weiß, wie giftig, spitz und gefährlich die langen Stacheln am Ende der fleischigen Blätter sind. Meines Vaters nackte, von großen, blauen, hervorstehenden Adern gezeichneten Beine bewegten sich millimeternah neben ihnen – und mein Vater lebte mit Blutverdünner!

Nach meiner Entdeckung spielte sich alles nach dem alten Muster ab. Ich verlor mich in der Angst um meinen Vater und mein Mind inszenierte in Sekundenschnelle unzählige Unfallmöglichkeiten, während ich immer wieder verzweifelt rief: „Bitte komm da raus! Lass mich es machen! Vorsicht! Lass ab von deinem gefährlichen Tun!" Mein Puls raste und mein Vater lächelte.

Ich flüchtete mich ins Haus, vergrub mich verstört in einen der großen Sessel, und um mich etwas zu beruhigen, nahm ich mein Archana-Buch zur Hand und sprach verzweifelt zu Amma: „Amma, nun versuche ich bereits so viele Jahre lang, besonnen und losgelöst zu sein, und noch immer versage ich kläglich und bin hilflos ausgeliefert, wenn ich mich von meinem Vater in Angst und Schrecken versetzt fühle. Was fruchten alle deine Belehrungen? Wieso hilfst du mir nicht, Amma?"

Um mich etwas zu beruhigen, begann ich unglücklich und verletzt mit dem Rezitieren des Sri Lalita Sahasranama, den tausend Namen der göttlichen Mutter, als ich neben mir eine Stimme deutlich sagen hörte: „Er heißt Herr Gerber!"

Die klaren Worte durchzogen mein aufgewühltes Gemüt und setzten sich in mir als eine die Verbindung zu meinem Vater absolut revolutionierende Tatsache fest. Eine Blitzoperation fand statt. In kürzester Zeit wurde meiner emotionalen Bindung an ihn ein anderes Gesicht gegeben und das von meinen Kindheitsängsten geprägte Band durchtrennt. Mein Vater war Herr Gerber, ein Mensch unter Menschen, ein Vater unter Vätern, ein Schicksal unter Schicksalen.

Amma gab mir die Chance, Abstand zu nehmen, zu vertrauen, meinen Vater so zu lieben, wie er war, ihn im Garten bei seinem Tun zu lassen und das Archana rezitierend an meinem Platz zu verweilen. Eine mich übersteigende Anwesenheit war da, mich und den Klang meiner Stimme erfüllend. Sie war in jedem Winkel des südlichen Hauses, in den Hügeln und dem Meer und auch im Garten bei meinem Vater. Ihre Gnade hatte uns erlöst aus alter Verstrickung.

Ruhig und um den Druck der unsinnigen Verantwortung erleichtert, die ich als Kind übernommen hatte, rezitierte ich entspannt die Mantren, als mein Vater erstaunt das Haus betrat. Er hatte mich, erneut aufgelöst rufend, draußen erwartet, doch seine Erwartung hatte sich nicht erfüllt. Ich war einfach im Haus geblieben. Mit mir wurde auch er verwandelt. Das Muster wurde nie mehr gebraucht, weil es keinen Sinn mehr hatte.

Oft saßen wir nun beisammen, genossen die Nähe, erzählten von früher und unseren Träumen. Ich erkannte, dass mein Vater darunter litt, mein Leben mit Amma nicht zu verstehen. „Ich bin ein Materialist und du eine Mystikerin", meinte er, der viele Male in Ammas Armen gelegen hatte und jedes Mal mit einem Apfel beschenkt worden war.

Drei Jahre später konnte ich meinen Vater in den Tod begleiten und einige Tage, bevor er seinen Körper verließ, durfte er erfahren, warum Amma das Bereicherndste und Wichtigste in meinem Leben darstellt.

Sie kam in der Nacht und zeigte sich ihm, machte ihn zum Verstehenden, zum Eingeweihten. Er erstrahlte in ihrer Schwingung, genoss ihre Leichtigkeit, erlebte unbeschwertes Sein, als sich sein Herz öffnete und er erfuhr, dass er schon immer in Frieden und Liebe geborgen war. Kurz darauf schlief er still für immer ein.

31

ZURÜCK IN DIE SCHWEIZ

Das wahre Licht ist allgegenwärtig.
Niemand kann vor ihm fliehen oder ihm entgegenreisen.
Es will IN UNS entdeckt werden und vor uns liegt die Möglichkeit,
dieses Licht auf der Erde zu finden, in jeder Stadt, in jedem Land,
im hintersten Winkel dieser Welt.

aus: Swami Rama

Nach siebzehn Jahren im Ashram von Amritapuri wurde ein Wunsch in mir wach, wurde deutlicher und nahm schließlich konkrete Form an. Ich konnte mir vorstellen, in die Schweiz zurückzukehren, um dort die Werte zu leben, die mir Amma während meines Aufenthalts bei ihr gezeigt hatte, und ich freute mich darauf, Großmutter meiner Enkelkinder zu sein.

Ich fühlte mich bereit für eine räumliche Trennung von Amma, denn ich spürte ihre Nähe in mir. Sie war das Fundament geworden, auf dem ich einen Neuanfang in der Schweiz wagen wollte, im Wissen darum, dass ich jederzeit in Amritapuri willkommen war.

Ich plante, in meiner Heimatstadt eine Satsang-Gruppe zu eröffnen, und Amma bestimmte mich zur Instruktorin für ihre IAM-Meditation.

Darum blieb ich während Ammas Nordindienreise im Ashram zurück und traf meine Vorbereitungen. Es mussten unter anderem Gegenstände und Instrumente ausgesucht und eingepackt werden für kleine Pujas und einen schönen Altar an meinem zukünftigen Wohnort. Zusammen mit meinen wenigen Habseligkeiten, Büchern und Videos wollte ich sie per Luftfracht in die Schweiz vorausschicken und mich auf einem Zwischenhalt in Delhi von Amma verabschieden.

Girish, der hauptverantwortliche Pujari von Amritapuri, half mir, einen Teller aus Messing für das Arati, eine verehrende Feuerzeremonie, bei der Kampfer verbrannt wird, auszuwählen, und schenkte mir verschiedene rituelle Gegenstände, die im Kalari lange gebraucht worden waren und mit der Energie dieses besonderen Ortes aufgeladen waren.

Eine Brahmacharini trennte sich von ihrer Glocke, die sie während vieler Monate täglich benutzt hatte, als sie Priesterin in einem der von Amma installierten Brahmasthanam-Tempel gewesen war.

Nun musste ich nur noch die Kunst erlernen, diese Gegenstände während der letzten Strophen des Arati fachgerecht anzuwenden und die Hände unabhängig voneinander zu bewegen. Das hieß, mit der linken Hand gleichmäßig die kleine Glocke zum Klingen zu bringen, während die rechte Hand den Teller mit dem brennenden Kampfer im Uhrzeigersinn vor Amma oder dann in der Schweiz vor Ammas Bild kreisen ließ.

Ich übte tagelang vor meinem kleinen Altar im Zimmerchen neben dem Kali-Schrein, während im Tempel die Schluss-Strophen des Arati gesungen wurden. Meine Rechte symbolisierte den Teller mit dem brennenden Kampfer, während meine Linke jeden Ton des Liedes nutzte, um zu üben, mit der Glocke einen gleichmäßigen Klang herzustellen.

Wie geplant machte ich auf meinem Heimflug einen Zwischenhalt in Delhi und besuchte Ammas Programm. Eine große Menschenmenge überflutete den relativ kleinen Ashram, der sich in einem Vorort der riesigen, schnell wachsenden Stadt befindet. Ein nach Ammas Entwürfen gebauter, von ihr installierter und gesegneter Brahmasthanam-Tempel bildet das Herzstück des heiligen Ortes, an dem während des ganzen Jahres Pujas zelebriert werden und von dem viele von Ammas gemeinnützigen Aktivitäten über ganz Nordindien bis nach Nepal ausgehen.

Als es dunkel wurde, saß ich still und allein, über Abschied und Neuanfang sinnend, auf dem flachen Dach des Ashram-Wohngebäudes. Ganz nah war der Lärm der Großstadt zu hören: Autohupen, Motorenbrausen und aus der Ferne das Heulen von Rudeln wilder Hunde. Und hier, mitten im nächtlichen Großstadtlärm, dieser Friede!

Der Abend war kühl. Unter mir leuchtete auf dem Ashramgrund ein Meer aus unzähligen flackernden Öllampen und farbigen Saris. Hunderte eng beieinander sitzende, konzentrierte Menschen zelebrierten ein die Seele berührendes Ritual mit Amma. Sich selber in der Kraft des Moments vergessend wurde ihr Dasein zum Gebet. Unbeschreibliche Schönheit, Schlichtheit und Liebe lagen über diesem Teppich aus Lichtern und Menschen.

Und dann sang Amma „Bhakti do Jagadambe, prema do Jagadambe" – Schenke mir Hingabe, göttliche Mutter, schenke mir Liebe. Ihre Stimme schwang sich durch die Nacht. Sterne sah ich keine. Sie verbargen sich hinter einem nebligen Vorhang aus Luftverschmutzung, den Ammas Gesang leuchtend durchdrang. Ein wachsendes Energiefeld baute sich auf, das Heilung und

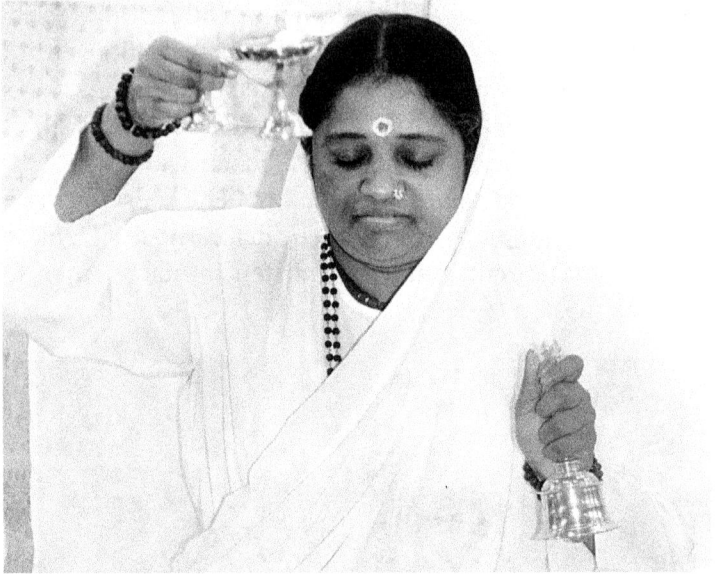

Öffnung für das Fließen von Liebe und Mitgefühl in menschlichen Herzen ermöglichte.

Ergriffen stand ich nach langem Warten vor Amma, um meinen Darshan vor der Heimkehr in die Schweiz zu empfangen. Sie freute sich, fasste nach der kleinen Glocke, die ich ihr entgegenhielt, küsste sie und begann sie zu läuten. Mich nachahmend, symbolisierte sie mit der rechten Hand den Teller mit der Flamme aus Kampfer und zelebrierte Arati vor mir, auf dieselbe Art, wie ich es übungshalber vor ihrem Bild auf meinem Altar viele Abende lang getan hatte.

Staunend nahm ich das wunderbare Geschenk in mich auf, um dann, einem Impuls folgend, die Glocke sanft aus Ammas Hand zu lösen und mit der meinigen zu umfangen. Nun war ich an der Reihe mit meiner Verehrung.

Die kleine Glocke in meiner linken Hand läutete gleichmäßig, während die Rechte mit der imaginären Flamme im Arati-Teller vor Amma höher und höher emporstieg, weit über Ammas Kopf hinaus und immer höher, denn in diesem Moment empfand ich Amma als alles durchdringende, vibrierende, leuchtende Kraft, die das ganze Universum ausfüllte und weder Anfang noch Ende kannte. „Ho, ho ho", machte Amma dann, um mich zurückzurufen, und langsam kehrten Glocke und Arati-Teller zurück in ihren Schoß.

Dies war mein Abschied.

Gesegnet reiste ich einem neuen Lebensabschnitt entgegen. Eine leuchtende Arati-Flamme begleitete mich in meinen Neuanfang in der Schweiz, und ich fühlte mich von einer Liebe getragen, die einen kostbaren Raum in mir bildete, eine Art Schatztruhe, in der ein leuchtender Edelstein meinem Leben Führung gab. Ich wusste, der wahre Darshan vollzieht sich in meinem Inneren.

Möge mein Gedankenvorhang dünner werden
und sich aus dichtem Brokat ein Voilevorhänglein weben,
durchlässig und flatternd in Deiner Gnade.

Prabha

32

DIE STATUE

Akzeptiere die Höhen UND die Tiefen des Lebens,
um glücklich und in Frieden zu sein.

Amma

Die Schriften sagen, ein echter Sucher sehe die ganze Welt als den Körper des Meisters und sei bereit, allen und allem zu dienen. Was sieht wohl Amma, die uns den ganzen Tag dient, wenn sie unsere Körper betrachtet?

Amma sieht alles, was wir auch sehen, aber gleichzeitig sieht sie durch alles hindurch. Was Amma sieht, ist mit unserem rationalen Verstand nicht fassbar. Ammas Sehen kommt direkt aus der Stille.

In einer ihrer Botschaften aus dieser Ebene sagt sie uns: „Alles in der Welt ist da, um euch Lehrer zu sein. Das Leben ist wie ein Schleifstein, an dem sich euer Ego abschleift, damit der wunderbare Diamant in eurem Innern hervorleuchten kann. Dieser Diamant ist eure wahre Natur, ist göttliches Bewusstsein. Darum macht euch jeden Tag neu auf den Weg, um die Stille hinter dem geschwätzigen Mind zu suchen. Damit ihr von Tag zu Tag ein wenig mehr aus eurem Innern leuchtet, gibt euch Amma unzählige Prüfungsaufgaben. Aber leider fallt ihr in fast allen Tests durch, denn Ammas Prüfungsaufgaben sind nicht auf Papier gedruckt wie in der Universität. Die Tests werden vom Leben selbst geschrieben. Denkt daran, dass es eine Prüfungsaufgabe von Amma sein könnte, wenn in euch Ärger hochsteigt oder ihr die Geduld verliert."

Vor nicht allzu langer Zeit schickte mir Amma eine Prüfungsaufgabe in Form einer großen Drahtstatue, die eines Tages auf dem Balkon des Nachbarhauses auftauchte. „Oh, nein", waren meine ersten Gedanken, als ich die Dame aus Metall eines Morgens von meinem Meditationssitz aus erblickte. „Dieses Unding verschandelt meinen Ausblick, verdeckt ein großes Stück des Himmels und passt überhaupt nicht in die Natur. Oh, wie schade und oh, wie dumm!"

Die nächsten Tage auf meinem Meditationskissen waren dem unerwünschten Gast auf dem Balkon meiner Nachbarn gewidmet und nicht der Einstimmung auf das, was ich in Wirklichkeit bin. Meine Gedanken flogen penetrant und aufsässig zum Balkon hinüber und mein Mind war dermaßen außer Kontrolle, dass mir sein Treiben endlich auffallen musste. Beschämt und erstaunt musste ich zugeben, dass ein paar zusammengefügte Eisendrähte meine Konzentration vollkommen zunichtemachen konnten.

„Anfängerin", sagte ich zu mir halb im Scherz und halb im Ernst, „du bist in die Falle getappt! Und dein Ego feiert!" Ich stellte mir vor, wie Amma über mich lacht und mich dennoch liebt, und eine Idee tauchte auf. Warum die große, einsame Frau an der Brüstung meines Nachbarbalkons nicht in Amma verwandeln? In Amma, die in mein Wohnzimmer schaut und auch auf den Fluss blickt, der in der Nähe fließt? Amma, die unter den grauen Winterhimmel von Bern eingezogen ist?

Kaum war die neu Hinzugezogene auf Ammas Namen getauft, veränderte sich mein ganzes Morgenritual. Amma war in meiner Nähe, betrachtete mich durchs Fenster und schickte ihr Lächeln in meine Stube. Ich begann, die stille Frau auf ihrem kalten Winterplatz in mein Leben zu integrieren, begann sie zu lieben und als Stütze für die Konzentration bei meiner Meditation zu betrachten.

Als ich eines Tages wie immer früh erwachte, nahm ich in der morgendlichen Dezemberdunkelheit ein besonderes Licht wahr. Als es mit Tagesanbruch dann heller wurde, schaute ich auf verschneite Dächer und in die weiß überzogenen Verästelungen der Bäume im Garten.

Später, von meinem Meditationskissen aus zu Amma hinüberschauend, fand mein Entzücken keine Grenzen. Da stand sie einsam in der Kälte. Der Winter hatte sie in ein weißes Schultertuch gehüllt und ihr einen lustigen kleinen Hut aus Schnee aufgesetzt. Was für ein Segen war unser Zusammensein in den nächsten Tagen! Die Eisenstatue, die meine negativen Emotionen dermaßen ins Wallen gebracht hatte, war– durch die Veränderung meiner Sichtweise –zu Amma, meiner geliebten, stillen Begleiterin in Bern, geworden.

Dann kam der Tag im Februar, an dem ich mich von meiner ganz persönlichen Amma verabschiedete, um in den Ashram nach Indien zur echten Amma zu reisen.

Mit dem erwachenden Frühling kam ich eines Nachts von dort zurück und blickte am folgenden Morgen vor meiner Meditation voller Vorfreude zum Balkon der Nachbarn hinüber, um meine auf mich wartende Amma zu begrüßen. – Mein Gott, sie war nicht mehr da! Ich spürte schmerzhaft ihr Verschwinden. Sie hinterließ eine deutliche Lücke in meinen Gewohnheiten, und meine Erwartungen wurden enttäuscht. Und was tat mein steter Begleiter

Mind in dieser Sache? Er jammerte beim Verlust des Kunstwerks auf dieselbe Art wie bei seinem Erscheinen. Bin ich denn total verrückt? Ich hörte Ammas Lachen und von Herzen stimmte ich ein und lachte meinerseits über den großen Joker in meinem Kopf.

Wegen ihm werden mir gewiss noch unzählige Prüfungs-papiere von Amma zugestellt werden. Jede Aufgabenlösung hilft mit, meinen ‚Egorucksack' in einen Schwimmring zu verwandeln. Von ihm im Fluss des Lebens getragen, lerne ich, wie eine gute Schwimmerin mit den Wellen zu spielen, meine Freude daran zu haben und mitzufließen. Ich wünsche mir von Herzen, eine Schwimmerin zu werden, die das Meer und die Wellen liebt, einem Sturm standhalten kann und die Hoffnung nicht aufgibt, dass der Joker-Mind schlussendlich zu einem willigen Diener werden wird, der gelernt hat, draußen zu bleiben, wenn sich die Stille in mir öffnen will.

Die Statuengeschichte zeigte mir wieder einmal, dass uns jede Erfahrung bereichert, wenn wir sie durch die richtige Brille betrachten. Und etwas ist ganz sicher: Mein Schatz liegt hinter den Facetten des Egos. Um ihn zu entdecken, brauche ich Amma, die mir bei der Auswahl der richtigen Brillengläser behilflich ist und mich die klare Sicht auf die Dinge dieser Welt lehrt.

33

GÖLDCHEN

Die wahre Freiheit ist
HINTER den Geschichten,
Die ich ins Leben schrieb.

Prabha

Warum versuchen viele tausend Menschen um den Erdball, Ammas Worte und die spirituellen Grundlagen, die sie lehrt, in ihr Leben zu integrieren? Warum fühlen wir uns von ihr wie von einem Magneten angezogen?

Ich werde euch natürlich nicht mit einer allgemeingültigen Antwort auf diese Frage überraschen. Wie könnte ich Ammas Mysterium verstehen, ohne es zu sein? Aber ich erinnere mich häufig daran, dass Amma sagt, das Leben sei ein Spiel, und ich liebe Spiele, vor allem Mysterienspiele!

Dazu eine kleine Geschichte. Ich schaue zu, wie meine Enkelin mit dem Werbegeschenk eines Supermarkts spielt. Es sind kleine, verschiedenfarbige Knöpfe und sie hat entdeckt, dass diese magnetisch sind und sich entweder gegenseitig anziehen oder abstoßen. Versunken in ihre spielerische Entdeckungsreise höre ich sie sagen: „Das ist ein Nordpol, das hier ist ein Südpol", und während ich ihr fasziniert zusehe und wahrnehme, wie sie entdeckt, dass sich gegenseitige Pole anziehen und gleich gepolte abstoßen, entsteht in mir das Bild eines leuchtenden Pols. In ihm sind Nord-und Südpol zu einem Ganzen vereint und er sendet ununterbrochen Schwingungen von Liebe, Frieden und Mitgefühl für alle Wesen aus.

Dieser Pol ist Amma und ich sehe ein kleines Fünkchen von ihr in jedem Menschen und bin nicht verwundert, dass wir uns alle von ihr angezogen fühlen. Sie ruft das Beste in uns wach, wenn sie sagt: *„Das wichtigste Ziel eures Lebens ist, den Schatz der ewigen Wahrheit und des immerwährenden Friedens in eurem Herzen zu finden. Wenn ihr diesen Schatz im Außen sucht, wäre das etwa so, wie wenn ihr den Ozean ausschöpfen wolltet, um einen Fisch zu fangen, denn der Schatz anhaltender Zufriedenheit kann nur auf einem inneren Weg gefunden werden."*

Und darum sind wir alle Schatzsucher, Goldgräber in unserem eigenen Inneren. Wir räumen alten Schutt weg, der oft gar nicht zu uns gehört, lösen Versteinerungen auf, graben und schürfen mit größter Aufmerksamkeit und Konzentration wie die Goldsucher in den alten amerikanischen Filmen. Bleiben wir dran, finden wir hin und wieder kleine Goldkörner, ich nenne sie Göldchen, die uns die Hoffnung und die Kraft geben, weiter zu schürfen und an die Goldmine zu glauben.

Amma ist eine Meisterin im Verteilen von Göldchen und lässt uns alle ab und zu solch ein Glanzlicht auf der Wegsuche in die Schatzkammer unseres Herzens finden. Am meisten freut sie sich, wenn wir das Gefundene in unser Leben integrieren und es dort leuchten lassen.

Eine meiner Göldchen-Geschichten nahm ihren Anfang, indem Amma mit mir schimpfte. Es war in einer Devi-Bhava-Nacht während Ammas Europatour. Ich stand neben Ammas Stuhl, um die Menschen, die in der Mantraschlange warteten, an Ammas Seite zu platzieren und ihr, sobald sie sich zum Mantrageben bereitmachte, den Wunsch des Empfängers ins Ohr zu flüstern.

Ich hatte meine Aufgabe schlecht und recht während etwa einer halben Stunde gemacht, als Amma auf Malayalam mit mir schimpfte und darauf etwas zu Gita, ihrer Helferin, sagte. Ich sah meinen Abgang bereits vorprogrammiert, als Gita sich zu mir neigte und meinte: „Amma sagt, du liebst es, wenn sie mit dir schimpft." Amma sah mich fragend an, während sie eine an ihre Brust geschmiegte Frau umarmte, und in mir wurden Hunderte Situationen wach, in denen Amma mit mir geschimpft hatte.

Ja, eigentlich fing meine ganze Fotokarriere damit an, dass Amma zu mir sagte: „Du kannst meine Fotografin sein und du musst deine Arbeit weitermachen, auch wenn ich mit dir schimpfe." So war ich vorgewarnt und das Schimpfen wurde zu einem ganz intimen Kontakt zwischen uns beiden.

Nun stand ich sinnend neben ihr und zu Gita gewandt, sagte ich spontan: „Ja, ich mag Ammas Schimpfen, denn auf diese Weise spricht sie ganz persönlich mit mir!"

Gita übersetzte und als Amma eher lächelte als die Stirn runzelte und so etwas sagte wie „Prabha, spring loose", was so viel heißt wie, ich hätte eine Schraube locker, da wurde ich mutig und erwiderte: „Und, Amma, in meinem nächsten Leben will ich dieselbe Sprache sprechen wie du!"

Die Übersetzung ging hin und her und während Amma mich mit Augen voller Liebe anschaute, klärte mich Gita auf: „Amma sagt, ihre Sprache sei die Sprache des Herzens. Wenn auch du einmal gelernt hast, diese Sprache zu sprechen, dann wird jede Landessprache für dich an Gewicht verlieren."

Amma machte mich mit diesem Austausch glücklich. Sie streute ein Göldchen. Viele Situationen, in denen ich wegen der Sprachbarriere litt und wegen meines Unvermögens, Malayalam zu lernen, weil Amma meinte, ich hörte schon so genug, lösten sich in der Sprache ihres Herzens auf, die nicht nur aus Worten besteht.

Eine andere Göldchen-Geschichte trug sich vor nicht allzu langer Zeit während eines Indienaufenthalts zu. In jenem Sommer im Ashram hatte ich eine vermeintlich sehr ruhige Zeit vor mir. Es gab keine inneren Streitereien, keine Eifersüchteleien oder schleichenden Momente von Minderwert. Trotzdem fiel ich plötzlich wieder ins alte Lied, als sich nach zwei Wochen Darshan-Abstinenz die Eifersucht auf all diese Inder in mir meldete, die sich einfach so mit Amma austauschen und mit ihr lachen konnten.

Darshan

Als ich endlich auch einen Nummernzettel, der mir einen Darshan erlaubte, in den Händen halten durfte, setzte ich mich auf den hintersten Stuhl der Endlosschlange, die mit Einlage von vielen Hindernissen schließlich zu Ammas Füßen führte. Ich spürte von ganzem Herzen die Kostbarkeit, die mir bald zuteil werden würde, und um mich nicht durch die vielen Prüfungen bis dorthin, die jedem Wartenden in meiner Situation bestens bekannt sind, ablenken zu lassen, schloss ich immer wieder die Augen und sagte zu mir selber: „Nur Amma und ich, nur Amma und ich."

So umschiffte ich alle Hindernisse, passierte auch nonchalant die Stelle, wo man sich mit einem halben Papiertaschentuch das Gesicht abwischen musste, und schaffte es ganz in Ammas Nähe, als ich gefragt wurde: „Prabha, welche Sprache willst du?" Ich antwortete spontan, ohne aufzuschauen oder zu überlegen: „Alles, nur nicht deutsch."

Gleich darauf verschwand ich in Ammas Umarmung und hörte sie flüstern: „Ma, ma, maaaa, mole mole mole, my daughter, my daughter, my daughter darling, darling, darling" und als Amma bei „ma chérie, ma chérie" angelangt war, hatte sich meine ganze gefestigte Haltung in reine Freude aufgelöst und ich lachte an ihrer Brust.

Sie löste mich aus ihrer Umarmung, ihre Augen lachten auch und sie fragte mich etwas. Nach meiner Antwort zog mich Amma nochmals zu sich und flüsterte neue Fragen in mein Ohr. Ich antwortete in ihr Ohr und gab auch eine Frage zurück und Amma tuschelte in mein anderes Ohr und wir unterhielten uns ganz so, wie ich es bei den Indern gesehen hatte, nur fragt mich bitte nicht in welcher Sprache. Es muss ganz sicher die Sprache des Herzens gewesen sein, denn ich empfand weder Scheu noch Hemmung, war einfach nur hingegeben an dieses wunderbare Zusammensein.

Meine Füße verloren ein wenig den Boden, nachdem ich, mit Asche, Bonbon und einer kleinen Banane gesegnet, Amma verließ. Schon auf meinem zittrigen Weg zu einem Stuhl wurde ich von den um Amma Meditierenden gefragt: „In welcher Sprache hast du mit Amma gesprochen?" Oder „So etwas wollte ich auch schon lange einmal!"

Ich setzte mich, schloss die Augen, praktizierte „Nur Amma und ich, nur Amma und ich" und versuchte mich zu erden. Zuerst aß ich das Prasad-Bonbon, aber es half wenig. Die kleine Banane jedoch zeigte mehr Wirkung und nach einer Weile war ich für den Gang in die Halle bereit, öffnete meine Augen und machte mich auf den Weg.

Aber ich hatte nicht mit so viel Publikum gerechnet. Immer wieder wurde ich über das Wie und Was des Gesprächs mit Amma ausgefragt, das ja dank den Videokameras alle in der Halle sitzenden und auf Amma fokussierten Menschen in Großformat gesehen hatten.

Um diesem Frageparcours zu entgehen, beschloss ich, nicht in der Halle zu bleiben, sondern die Schale meiner kleinen Prasad-Banane einer unserer Ashram-Kühe zu bringen. Schließlich hatte Amma das kleine gelbe Etwas direkt in ihrer Hand gehalten und ich brachte es nicht übers Herz, es einfach in der dafür vorgesehenen Tonne mit der Aufschrift ‚food rests‘, Essensreste, zu entsorgen.

Eine Person folgte mir mit ihren Fragen über meinen Darshan bis zum Kuhstall, obwohl sie an einem Stock ging, und ich erklärte ihr, wie allen anderen auch, das Gespräch wäre intim gewesen, darum hätte ja Amma auch in mein Ohr geflüstert.

Der westliche Kuhhirte saß auf dem Futtertrog und traute seinen Augen kaum, als er mich mit der kleinen Bananenschale ankommen sah. Als er meinen Wunsch vernahm, zeigte er auf die größte Kuh. Noch immer unter der Wirkung von Ammas großem Göldchen stehend, näherte ich mich ihr problemlos und sie leckte mit feuchten, samtenen Lippen die Kostbarkeit von meiner Hand. Und dann versteckte ich mich, hoch oben auf dem Dom des Tempels, um mit meinem Glück allein zu sein.

Erst im Laufe der Zeit sah ich, wie vielschichtig Amma durch unser ‚Gespräch‘ mit mir und vielen hundert anderen gearbeitet hatte. Sie hat meinen ‚Intim-ins-Ohr-Tuscheln‘-Darshan so vollkommen aufgebaut, um so viele Anwesende wie möglich in so vielen inneren Situationen wie möglich zu erreichen und ihnen die Augen für seelische Stimmungen und persönliche Hindernisse auf dem Weg zum Gold zu öffnen.

Wenn Amma mit uns an unserem Weg arbeitet, heißt das nicht, dass sie einfach so mir nichts, dir nichts ein Problem oder eine ganze Reihe von Problemen von uns wegwischt. Ich sehe es eher so, dass sie durch ihr Handeln und ihr Sein einen Bewusstwerdungsprozess initiiert, in dessen Verlauf unsere Probleme neben uns gestellt werden, damit wir nicht mehr einfach in ihnen gefangen sind, sondern sie ansehen können. Auf diese Weise verwandeln sich unsere Schwierigkeiten und Hindernisse in ein Übungsfeld, das wir zu überblicken vermögen und anhand dessen wir arbeiten, ausprobieren und wachsen können.

Sie sagt dazu:

„Nur ein Mensch, der offen ist für die Wahrheit des Selbst, kann wahrhaft glücklich sein. Wer mit allem, was das Leben bringt, im fließenden Tanz vereint ist, dem öffnen sich göttliche Gnade und Führung."

Und glaubt mir, er wird ab und zu ein Göldchen auf seinem Weg finden.

Göldchen lassen sich an jedem Ort finden, nicht nur neben Amma. Sie überraschen uns in der Straßenbahn, beim Stadtbummel oder am Arbeitsplatz, beim Aufstieg am steilen Berg oder dem

Staunen in den Sternenhimmel. Sie sind immer da, an jedem Ort der Welt. In Feld, Wald, Berg und Tal, in Oasen und in Wüsten, wo immer du ganz da bist, kannst du sie finden, denn Ammas Gold ist überall, im ganzen Universum.

Dieses Bild hat Amma mit mir zusammen gemacht. Sie bat mich zu sich auf die Stufen, die zu ihrem Zimmer führen, zeigte auf das Meer lachender Gesichter unten an der Treppe, nahm meine Kamera und hielt sie vor mein Auge. Ich durfte einmitten, scharf stellen, abdrücken und staunen.

34

SCHLUSSWORT

Liebe Leserin, lieber Leser

Ich habe mit dir auf diesen Seiten einiges aus meinem Leben geteilt und meinen ganz persönlichen Erlebnissen mit Amma Ausdruck gegeben. Es ging mir vor allem darum, Bilder und Begebenheiten aus meiner früheren Zeit im Ashram zu zeigen und wie Amma mit mir gearbeitet hat und auch heute noch arbeitet auf meinem Weg in die Freiheit des Selbst.

Ich möchte hier ganz bewusst festhalten, dass meine Worte weit davon entfernt sind, das auszudrücken, was Amma ist. Denn: „Wenn du mich kennen willst, musst du mich werden", sagt Amma.

Ich bin der Meinung, dass jeder Mensch Amma mit eigenen Augen sieht, ein eigenes, persönliches Bild und einen eigenen persönlichen Zugang zu ihr hat. In unserem Herzen jedoch ist sie für alle dieselbe Essenz: Göttliches Bewusstsein, das darauf wartet, durch uns in die Welt zu leuchten.

Der Meister ist wie ein Fluss. Du kannst aus diesem Fluss trinken oder deinen Abfall in ihm entsorgen, du kannst ihn schön finden und dich zu ihm hingezogen fühlen oder du kannst ihn ablehnen, ihn schlecht machen oder Angst vor ihm haben. Für den Fluss selbst hat das wenig Bedeutung. Er trägt dich, wenn du in seinem Strom dem Meer zuschwimmen möchtest, er füllt dein Gefäß, wenn du aus ihm trinken möchtest, er trägt dein Gutes und dein Schlechtes in seinen Fluten mit sich, ohne zu urteilen und zu unterteilen, denn seine Natur ist Fließen und seine Essenz ist Ewigkeit.

Amma

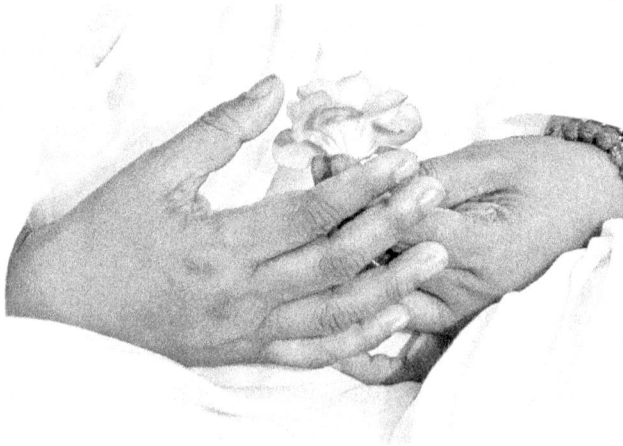

Mögen wir alle ins Licht der Wahrheit fließen, das in unserem Herzen leuchtet. Mögen göttlicher Segen und Ammas Liebe unsere Schritte begleiten.

OM AMRITESHWARYAI NAMAH

Glossar

Acchan – malayalam, Vater

Amritapuri – Der internationale Hauptsitz des Mata Amtitananadamayi Math, der sich in Ammas Geburtsort in Kerala befindet.

Arati – wird ausgeführt nach einer rituellen Verehrung. Brennender Kampfer wird zum Läuten einer Glocke im Kreis bewegt. Arati symbolisiert Hingabe. Ebenso wie Kampfer verbrennt, ohne Spuren zu hinterlassen, soll sich auch das Ego während des Prozesses der Verehrung auflösen.

Archana – Das Rezitieren göttlicher Namen. In Ammas Ashram ist es das Lalitha Sahasranama, die tausend Namen der göttlichen Mutter.

Ashram – Spirituelles Zentrum

Aum (Om) – Gemäß den vedischen Schriften der ursprüngliche Klang im Universum und der Keim der Schöpfung. Alle Klänge entstehen aus Aum und lösen sich wieder in Aum auf.

Aum Amriteshwaryai namah – Mantra zur Verehrung von Amma

Bhajan – Gesang zu Ehren Gottes

Bhava – Stimmung, Zustand

Bhavani – zweitgrößter Fluss in Tamil Nadu, Indien

Brahmachari/Brahmacharini – spirituell Strebende, die in Gedanken, Worten und Taten Enthaltsamkeit üben. In diesem Buch: Junge Männer und Frauen, die im Ashram leben und unter der Führung von Amma den spirituellen Weg gehen

Darshan – Vision des Göttlichen oder Zusammensein mit einer heiligen Person

Devi Bhava – der Zustand, in welchem Amma teilweise ihre Identität mit Devi, der göttlichen Mutter, enthüllt.

Ghat – Badestätte mit Treppen, die zu einem Fluss führen

Homa – Feuerzeremonie

KALARI – Name des kleinen Tempels, in dem Ammas erste Krishna- und Devi Bhavas stattfanden. Heute werden dort täglich Pujas zelebriert.

KALI – wörtlich „die Schwarze." Im Hinduismus Göttin der Zerstörung und der Erneuerung

KARTHIKA – in vedischer Astrologie Geburtsstern, auch Vorname

LEELA – Das göttliche Spiel

MAHARASHTRA – Staat im westlichen Indien

MALAYALAM – Sprache von Kerala, einem Staat in Südindien

MANDALA – Sanskrit, geometrisches Schaubild

MANTRA – Sanskrit, heilige Formel

MUNDU – Tuch das um die Hüften gewickelt wird. Kleidungsstück südindischer Männer

MURTI – Statue zur Verehrung

NAMAHA – Sanskrit, ich verneige mich

PEETHAM – Sitz

PRASAD – geweihte Speise oder Geschenk aus der Hand des Meisters

PUJA – rituelle Verehrung

PUJARI – Ausführender einer rituellen Verehrung

RAMANA MAHARSHI – Großer Weiser Indiens, 1879-1950. Er lebte in Tiruvannamalai und war ein Vertreter des Advaita-Vedanta. Diese Philosophie vertritt auch Amma

SAMADHI – Sanskrit, ein hoher Bewusstseinszustand, völliges Aufgehen im Göttlichen

SANKALPA – Entscheidung, die den Gedanken eine feste Richtung gibt und wunscherfüllend ist

SRI LALITHA SAHASRANAMA – die tausend Namen von Devi, der göttlichen Mutter

SEVA – selbstloser Dienst

VASANA – Neigungen, Gewohnheiten, Triebe aus früheren Leben, die uns unbewusst, unser Denken und Handeln beeinflussen

VIBHUTI – gesegnete Asche

www.ingramcontent.com/pod-product-compliance
Lightning Source LLC
LaVergne TN
LVHW051551080426
835510LV00020B/2942